KOMPLETNÍ PŘÍRUČKA PRO ZAČÁTEČNÍKY DOMÁCÍ KONZERVA

PRŮVODCE KROK ZA KROKEM SE 100 RECEPTY NA KONZERVOVÁNÍ A KONZERVOVÁNÍ POTRAVIN. NAUČTE SE SPRÁVNÉ METODY BALENÍ VODOU A TLAKOVÁNÍ

Jitka Skopalová

Všechna práva vyhrazena.

Zřeknutí se odpovědnosti

Informace obsažené v této eKnize mají sloužit jako ucelená sbírka strategií, o kterých autor této eBooku provedl výzkum. Shrnutí, strategie, tipy a triky jsou pouze doporučeními autora a přečtení této e-knihy nezaručí, že vaše výsledky budou přesně odrážet výsledky autora. Autor e-knihy vynaložil veškeré přiměřené úsilí, aby čtenářům e-knihy poskytl aktuální a přesné informace. Autor a jeho spolupracovníci nenesou odpovědnost za jakékoli neúmyslné chyby nebo opomenutí, které mohou být nalezeny. Materiál v elektronické knize může obsahovat informace třetích stran. Materiály třetích stran zahrnují názory vyjádřené jejich vlastníky. Autor e-knihy jako takový nepřebírá odpovědnost ani odpovědnost za jakýkoli materiál nebo názory třetích stran. Ať už kvůli rozvoji internetu nebo neočekávaným změnám ve firemní politice a směrnicích pro zasílání redakcí, to, co je uvedeno jako fakt v době psaní tohoto článku, může být později zastaralé nebo nepoužitelné.

Elektronická kniha je chráněna autorským právem © 202 2 se všemi právy vyhrazenými. Je nezákonné redistribuovat, kopírovat nebo vytvářet odvozené práce z této e-knihy jako celku nebo zčásti. Žádná část této zprávy nesmí být reprodukována nebo znovu přenášena v jakékoli reprodukované nebo znovu přenášené formě v jakékoli formě bez písemného vyjádřeného a podepsaného souhlasu autora.

OBSAH

OBSAH 3
ÚVOD 7
DŽEMY A ŽELÓNY 8

  1. Jahodovo-rebarborová marmeláda 9
  2. Džem z nektarinky a višní 12
  3. Jahodovo-tequilový džem z agáve s nízkým obsahem cukru 15
  4. Čokoládovo-višňová marmeláda 17
  5. Pomerančovo-banánový džem 20
  6. Meruňkovo-levandulový džem 23
  7. Fíkovo-hrušková marmeláda 26
  8. Džem z fíků, rozmarýnu a červeného vína 29
  9. Melounová marmeláda 32
  10. Broskvovo-rozmarýnový džem 35
  11. Medovo-hrušková marmeláda 38
  12. Džem z jablečného koláče 41
  13. Broskvovo-bourbonská marmeláda 44
  14. Malinový "limonádový" džem s nízkým obsahem cukru 47
  15. Rajčatovo-bylinková marmeláda 49
  16. Cuketovo-chlebová marmeláda 52
  17. Berry-ale marmeláda 55
  18. Jablečně-chilkový džem s nízkým obsahem cukru 58
  19. Balsamico-cibulový džem 61
  20. Borůvkovo-citronová marmeláda 64
  21. Jablečný džem 67
  22. Jahodovo-rebarborové želé 69
  23. Borůvkovo-kořenící džem 71
  24. Hroznovo-švestkové želé 73

25. Želé ze zlatého pepře 76
26. Broskvovo-ananasová pomazánka 79
27. Chlazená jablečná pomazánka 82
28. Chladničková hroznová pomazánka 84
29. Jablečné želé bez přidaného pektinu 86
30. Jablečná marmeláda bez přidaného pektinu 88
31. Blackberry Jelly bez přidaného pektinu 90
32. Višňové želé s práškovým pektinem 92
33. Višňový džem s práškovým pektinem 95
34. Fíková marmeláda s tekutým pektinem 98
35. Hroznové želé s práškovým pektinem 100
36. Mátovo-ananasový džem s tekutým pektinem 103
37. Míchané ovocné želé s tekutým pektinem 105
38. Pomerančové želé 108
39. Kořeněné pomerančové želé 110
40. Pomerančová marmeláda 113
41. Meruňkovo-pomerančová konzerva 116
42. Broskvová marmeláda s práškovým pektinem 118
43. Kořeněná borůvkovo-broskvová marmeláda 120
44. Broskvovo-pomerančová marmeláda 123
45. Ananasový džem s tekutým pektinem 125
46. Švestkové želé s tekutým pektinem 127
47. Kdoulový želé bez přidaného pektinu 129
48. Jahodový džem s práškovým pektinem 131
49. Džem Tutti-Frutti 133

OVOCE A OVOCNÉ VÝROBKY 136

50. Jablečné máslo 137
51. Kořeněné kroužky jablek 139
52. Kořeněná krabí jablka 142
53. Okurky melounu 145

54. Brusinkové pomerančové chutney 149
55. Mango chutney 152
56. Mangová omáčka 155
57. Míchaný ovocný koktejl 158
58. Cuketa-ananas 161
59. Pikantní brusinková salsa 163
60. Mango salsa 166
61. Broskvová jablková salsa 169

KYSENÁ A NAKLÁDANÁ ZELENINA 172

62. Okurky koprové 173
63. Kysané zelí 176
64. Máslové okurky 179
65. Fresh-pack koprové okurky 182
66. Sladké okurky 185
67. 14denní sladké okurky 188
68. Rychlé sladké okurky 191
69. Chřest nakládaný 194
70. Fazole nakládané koprové 197
71. Nakládaný trojfazolový salát 199
72. Řepa nakládaná 203
73. Nakládaná mrkev 206
74. Nakládaný květák / Brusel 209
75. Čajot a jicama salát 212
76. Jicama nakládaná máslem 215
77. Marinované celé houby 217
78. Nakládaná koprovaná okra 220
79. Cibule perlové nakládané 223
80. Marinované papriky 226
81. Papriky nakládané 229
82. Feferonky nakládané 232

83. Nakládané kroužky papričky jalapeño 235
84. Kroužky žluté papriky nakládané 238
85. Nakládaná rajčata sladká zelená 240
86. Nakládaná zelenina míchaná 243
87. Nakládaná chlebová cuketa 246
88. Čajot a hruška chutná 248
89. Piccalilli 251
90. Nakládaná chuť 254
91. Nakládaná kukuřice ochucení 257
92. Pochutina z nakládaných zelených rajčat 260
93. Nakládaná křenová omáčka 263
94. Nakládaná paprikovocibulová chuť 265
95. Pikantní jicama ochucení 267
96. Chuť z pikantního tomatillo 270
97. Bez přidaného cukru nakládaná řepa 273
98. S sladká kyselá okurka 276
99. Okurky kopru krájené 279
100. Sladké okurky krájené 282

ZÁVĚR 285

ÚVOD

Domácí konzervování se za 180 let od doby, kdy bylo zavedeno jako způsob konzervace potravin, velmi změnilo. Vědci našli způsoby, jak vyrábět bezpečnější a kvalitnější produkty. První část této publikace vysvětluje vědecké principy , na kterých jsou založeny konzervárenské techniky, pojednává o konzervárenském zařízení a popisuje správné použití sklenic a víček. Popisuje základní konzervárenské ingredience a postupy a jak je používat k dosažení bezpečných, vysoce kvalitních konzervovaných produktů. Nakonec vám pomůže rozhodnout se, zda a v jakém množství můžete.

Druhou částí této publikace je série návodů na konzervování konkrétních potravin. Tyto příručky nabízejí podrobné pokyny pro výrobu cukrových sirupů; a pro konzervování ovoce a ovocných produktů, rajčat a rajčatových produktů, zeleniny, červeného masa, drůbeže, mořských plodů, nakládané zeleniny a pochutin. Praktické pokyny pro výběr správného množství a kvality syrových potravin doprovázejí každou sadu pokynů pro ovoce, rajčata a zeleninu. Většina receptů je navržena tak, aby poskytla plnou várku půllitrů nebo litrů. Nakonec jsou u každé potraviny uvedeny úpravy zpracování pro nadmořskou výšku.

DŽEMY A ŽELÉ

1. Jahodovo-rebarborová marmeláda

VYRÁBÍ ASI 6 (½-PT./250-ML) SKLENIC

Ingredience

- 4½ šálku (1,1 l) ¼ palce (0,5 cm) tlusté nakrájené čerstvé rebarbory
- ½ šálku (125 ml) čerstvé pomerančové šťávy (asi 2 až 3 velké pomeranče)
- 4 šálky (1 l) zralých čerstvých jahod
- 5 šálků (1,25 l) cukru
- 1 (3 oz./88,5 ml) sáček Ball® Liquid Pectin

Pokyny:

a) Smíchejte rebarboru a pomerančový džus v 3 kv. Nerezový hrnec (3l). Přikryjte a přiveďte k varu na středně vysokém ohni. Odkryjte, snižte teplotu a vařte za častého míchání 5 minut nebo dokud rebarbora nezměkne.

b) Umyjte jahody; odstraňte a vyhoďte stonky a trupy. Jahody rozmačkejte šťouchadlem na brambory, dokud nebudou rovnoměrně rozdrcené.

c) Odměřte 2 šálky (500 ml) uvařené rebarbory a 1¾ šálku (425 ml) rozmačkaných jahod do 6-qt. (6-L) nerezová nebo smaltovaná holandská trouba. Vmíchejte cukr. Přiveďte směs k plnému varu, které nelze míchat, na vysoké teplotě a často míchejte.

d) Přidejte pektin a okamžitě vymačkejte celý obsah ze sáčku. Pokračujte v prudkém varu po dobu 1 minuty za stálého míchání. Odstraňte z tepla. V případě potřeby odstředěná pěna.

e) Horký džem nalijte do horké sklenice a ponechte $\frac{1}{4}$ palce (0,5 cm) prostoru nad hlavou. Odstraňte vzduchové bubliny. Otřete okraj nádoby. Středové víko na sklenici. Přiložte pásek a upravte jej tak, aby se dotýkal konečků prstů. Umístěte nádobu do nádoby s vařící vodou. Opakujte, dokud nebudou všechny sklenice naplněny.

f) Sklenice zpracujte 10 minut, upravte podle nadmořské výšky. Vypněte teplo; sejměte víko a nechte sklenice 5 minut stát. Vyjměte sklenice a ochlaďte.

2. Džem z nektarinek a višní

VYRÁBÍ ASI 7 (½-PT./250-ML) SKLENIC

Ingredience

- 1½ lb. (750 g) nektarinek zbavených pecek a nakrájených najemno
- 2 šálky (500 ml) nasekaných vypeckovaných třešní
- 6 polévkových lžic (90 ml) Ball® Classic Pectin
- 2 polévkové lžíce (30 ml) lahvová citronová šťáva
- 6 šálků (1,5 l) cukru

Pokyny:

a) Smíchejte první 4 ingredience v 4-qt. (4-L) nerezová nebo smaltovaná holandská trouba. Přiveďte směs k plnému varu, který nelze míchat, na vysokém ohni za stálého míchání.

b) Přidejte cukr, míchejte, aby se rozpustil. Vraťte směs do úplného varu. Za stálého míchání vařte 1 minutu. Odstraňte z tepla. V případě potřeby odstředěná pěna.

c) Horký džem nalijte do horké sklenice a ponechte ¼ palce (0,5 cm) prostoru nad hlavou. Odstraňte vzduchové bubliny. Otřete okraj nádoby. Středové víko na sklenici. Přiložte pásek a upravte jej tak, aby se dotýkal konečků prstů. Umístěte nádobu do nádoby s vařící vodou. Opakujte, dokud nebudou všechny sklenice naplněny.

d) Sklenice zpracujte 10 minut, upravte podle nadmořské výšky. Vypněte teplo; sejměte víko a nechte sklenice 5 minut stát. Vyjměte sklenice a ochlaďte.

3. Jahodovo-tequilový džem z agáve s nízkým obsahem cukru

VYTVÁŘÍ ASI 4 (½-PT./250 ML) SKLENICI

Ingredience

- 5 šálků (1,25 l) nakrájených čerstvých jahod
- ½ šálku (125 ml) tequily
- 5 polévkových lžic (75 ml) Ball® Low nebo No-Sugar Pektin
- 1 šálek (250 ml) agávového sirupu

Pokyny:

a) Smíchejte první 2 ingredience v 4-qt. (4-L) nerezová nebo smaltovaná holandská trouba. Jahody rozdrťte šťouchadlem na brambory.

b) Vmíchejte pektin. Přiveďte směs k plnému varu, který nelze míchat, na vysokém ohni za stálého míchání.

c) Vmícháme agávový sirup. Vraťte směs do úplného varu. Za stálého míchání vařte 1 minutu. Odstraňte z tepla. V případě potřeby odstředěná pěna.

d) Horký džem nalijte do horké sklenice a ponechte ¼ palce (0,5 cm) prostoru nad hlavou. Odstraňte vzduchové bubliny. Otřete okraj nádoby. Středové víko na sklenici. Přiložte pásek a upravte jej tak, aby se dotýkal konečků prstů. Umístěte nádobu do nádoby s vařící vodou. Opakujte, dokud nebudou všechny sklenice naplněny.

e) Sklenice zpracujte 10 minut, upravte podle nadmořské výšky. Vypněte teplo; sejměte víko a nechte sklenice 5 minut stát. Vyjměte sklenice a ochlaďte.

4. Čokoládovo-třešňový džem

VYRÁBÍ ASI 6 (½-PT./250-ML) SKLENIC

Ingredience

- 6 šálků (1,5 l) čerstvých nebo mražených tmavých sladkých třešní bez pecek, nahrubo nasekaných
- 6 polévkových lžic (90 ml) Ball® Classic Pectin
- ¼ šálku (60 ml) lahvové citronové šťávy
- 6 šálků (1,5 l) cukru
- ⅔ šálku (150 ml) neslazeného kakaa

Pokyny:

a) Smíchejte první 3 ingredience v 4-qt. (4-L) nerezová nebo smaltovaná holandská trouba. Přiveďte směs k plnému varu, který nelze míchat, na vysokém ohni za stálého míchání.

b) Mezitím smíchejte cukr a kakao, dokud se nespojí; přidejte vše najednou do vroucí třešňové směsi. Vraťte směs do úplného varu. Za stálého míchání vařte 1 minutu. Odstraňte z tepla. V případě potřeby odstředěná pěna.

c) Horký džem nalijte do horké sklenice a ponechte ¼ palce (0,5 cm) prostoru nad hlavou. Odstraňte vzduchové bubliny. Otřete okraj nádoby. Středové víko na sklenici. Přiložte pásek a upravte jej tak, aby se dotýkal konečků prstů. Umístěte nádobu do nádoby s vařící vodou. Opakujte, dokud nebudou všechny sklenice naplněny.

d) Sklenice zpracujte 10 minut, upravte podle nadmořské výšky. Vypněte teplo; sejměte víko a nechte sklenice 5 minut stát. Vyjměte sklenice a ochlaďte.

5. Pomerančovo-banánový džem

VYRÁBÍ ASI 5 (½-PT./250-ML) SKLENIC

Ingredience

- 2 šálky (500 ml) čerstvé pomerančové šťávy s dužinou (asi 8 pomerančů)

- 1 šálek (250 ml) medu

- 3 polévkové lžíce (45 ml) lahvová citronová šťáva

- 2 lb. (1 kg) velmi zralých banánů, oloupaných a nakrájených

- 1 vanilkový lusk, dělený

Pokyny:

a) Smíchejte první 4 ingredience v 4-qt. (4-L) nerezová nebo smaltovaná holandská trouba. Vyškrábejte semínka z vanilkového lusku; přidáme do banánové směsi. Vařte za častého míchání na středním plameni asi 25 minut do zgelovatění.

b) Horký džem nalijte do horké sklenice a ponechte ¼ palce (0,5 cm) prostoru nad hlavou. Odstraňte vzduchové bubliny. Otřete okraj nádoby. Středové víko na sklenici. Přiložte pásek a upravte jej tak, aby se dotýkal konečků prstů. Umístěte nádobu do nádoby s vařící vodou. Opakujte, dokud nebudou všechny sklenice naplněny.

c) Sklenice zpracujte 15 minut, upravte podle nadmořské výšky. Vypněte teplo; sejměte víko a nechte sklenice stát 5 minut. Vyjměte sklenice a ochlaďte.

6. Meruňkovo-levandulový džem

VYRÁBÍ ASI 6 (½-PT./250-ML) SKLENIC

Ingredience

- 4 lžičky (20 ml) sušených poupat levandule
- Sýrové plátno
- Kuchyňský provázek
- 3 lb. (1,5 kg) meruněk, vypeckovaných a nakrájených (asi 6 šálků/1,5 l)
- 4 šálky (1 l) cukru
- 3 polévkové lžíce (45 ml) lahvová citronová šťáva

Pokyny:

a) Umístěte poupata levandule na 4palcový (10 cm) čtverec gázy; kravata s kuchyňským provázkem.

b) Vložte meruňky do velké mísy; rozmačkáme šťouchadlem na brambory do rozdrcení. Vmíchejte cukr a citronovou šťávu; přidejte plátěný sáček a míchejte, dokud nezvlhne. Přikryjte a chlaďte 4 hodiny nebo přes noc.

c) Nalijte meruňkovou směs do 6-qt. (6-L) nerezová nebo smaltovaná holandská trouba. Přiveďte k varu na středním plameni a míchejte, dokud se cukr nerozpustí. Zvyšte teplotu na středně vysokou. Vařte za stálého míchání 45 minut nebo dokud směs nezhoustne a teploměr cukrovinek nezaznamená 220 °F (104 °C). Odstraňte z tepla. Odstraňte a zlikvidujte plátěný sáček.

d) Horký džem nalijte do horké sklenice a ponechte ¼ palce (0,5 cm) prostoru nad hlavou. Odstraňte vzduchové bubliny. Otřete okraj nádoby. Středové víko na sklenici. Přiložte pásek a upravte jej tak, aby se dotýkal konečků prstů. Umístěte nádobu do nádoby s vařící vodou. Opakujte, dokud nebudou všechny sklenice naplněny.

e) Sklenice zpracujte 10 minut, upravte podle nadmořské výšky. Vypněte teplo; sejměte víko a nechte sklenice 5 minut stát. Vyjměte sklenice a ochlaďte.

7. Džem z fíků a hrušek

VYTVÁŘÍ ASI 4 (½-PT./250 ML) SKLENICI

Ingredience

- 2 šálky (250 ml) nakrájených hrušek
- 2 šálky (250 ml) nakrájených čerstvých fíků
- 4 polévkové lžíce (60 ml) Ball® Classic Pectin
- 2 polévkové lžíce (30 ml) lahvová citronová šťáva
- 1 polévková lžíce (15 ml) vody
- 3 šálky (750 ml) cukru

Pokyny:

a) Smíchejte všechny ingredience, kromě cukru, v 4-qt. (4-L) nerezová nebo smaltovaná holandská trouba. Přiveďte směs k plnému varu, který nelze míchat, na vysokém ohni za stálého míchání.

b) Přidejte cukr, míchejte, aby se rozpustil. Vraťte směs do úplného varu. Za stálého míchání vařte 1 minutu. Odstraňte z tepla. V případě potřeby odstředěná pěna.

c) Horký džem nalijte do horké sklenice a ponechte ¼ palce (0,5 cm) prostoru nad hlavou. Otřete okraj nádoby. Středové víko na sklenici. Přiložte pásek a upravte jej tak, aby se dotýkal konečků prstů. Umístěte nádobu do nádoby s vařící vodou. Opakujte, dokud nebudou všechny sklenice naplněny.

d) Sklenice zpracujte 10 minut, upravte podle nadmořské výšky. Vypněte teplo; sejměte víko a nechte sklenice 5 minut stát. Vyjměte sklenice a ochlaďte.

8. Džem z fíků, rozmarýnu a červeného vína

VYRÁBÍ ASI 4 (½-PT./250-ML) SKLENICI

Ingredience

- 1½ šálku (375 ml) Merlotu nebo jiného ovocného červeného vína
- 2 polévkové lžíce (30 ml) čerstvé listy rozmarýnu
- 2 šálky (500 ml) jemně nasekaných čerstvých fíků
- 3 polévkové lžíce (45 ml) Ball® Classic Pectin
- 2 polévkové lžíce (30 ml) lahvová citronová šťáva
- 2½ šálku (625 ml) cukru

Pokyny:

a) Víno a rozmarýn přiveďte k varu v malém nerezovém nebo smaltovaném hrnci. Vypněte teplo; přikryjeme a louhujeme 30 minut.

b) Nalijte víno přes jemné síto z drátěného pletiva do 4-qt. (4l) nerezový nebo smaltovaný rendlík. Rozmarýn vyhoďte. Vmíchejte fíky, pektin a citronovou šťávu. Přiveďte směs k plnému varu, který nelze míchat, na vysokém ohni za stálého míchání.

c) Přidejte cukr, míchejte, aby se rozpustil. Vraťte směs do úplného varu. Vařte 1 minutu za stálého míchání. Odstraňte z tepla. V případě potřeby odstředěná pěna.

d) Horký džem nalijte do horké sklenice a ponechte ¼ palce (0,5 cm) prostoru nad hlavou. Odstraňte vzduchové bubliny. Otřete okraj nádoby. Středové víko na sklenici. Přiložte pásek a upravte jej tak, aby se dotýkal konečků prstů. Umístěte nádobu do nádoby s vařící vodou. Opakujte, dokud nebudou všechny sklenice naplněny.

e) Sklenice zpracujte 10 minut, upravte podle nadmořské výšky. Vypněte teplo; sejměte víko a nechte sklenice stát 5 minut. Vyjměte sklenice a ochlaďte.

9. Melounový džem

VYRÁBÍ ASI 5 (½-PT./250-ML) SKLENIC

Ingredience

- 14 šálků (3,5 l) 1-palcový (1 cm) meloun nebo jiné kostky melounu s pomerančovou dužinou (asi 2 velké melouny)
- ¼ šálku (60 ml) košer soli
- 4 šálky (1 l) cukru
- ¾ šálku (175 ml) lahvové citronové šťávy
- 1 polévková lžíce (15 ml) drcený růžový pepř (volitelně)

Pokyny:

a) Do velké mísy smíchejte meloun a sůl. Přikryjte a nechte 2 hodiny stát. Drain; opláchněte studenou vodou. Vypusťte.

b) Smíchejte meloun, cukr a citronovou šťávu v 6-qt. (6-L) nerezová nebo smaltovaná holandská trouba. Přivést k varu; snižte teplotu a vařte bez pokličky 20 minut nebo dokud meloun nezměkne. Kousky melounu rozmačkejte šťouchadlem na brambory. Vařte odkryté za častého míchání asi 1 hodinu do zgelovatění. (Melouny uvolňují hodně vody, takže doba vaření se může lišit.) Je-li to nutné, napěňte, a pokud chcete, vmíchejte kuličky pepře.

c) Horký džem nalijte do horké sklenice a ponechte ¼ palce (0,5 cm) prostoru nad hlavou. Odstraňte vzduchové bubliny. Otřete okraj nádoby. Středové víko na sklenici. Přiložte pásek a upravte jej tak, aby se dotýkal konečků prstů. Umístěte nádobu do nádoby s vařící vodou. Opakujte, dokud nebudou všechny sklenice naplněny.

d) Sklenice zpracujte 15 minut, upravte podle nadmořské výšky. Vypněte teplo; sejměte víko a nechte sklenice 5 minut stát. Vyjměte sklenice a ochlaďte.

10. Broskvovo-rozmarýnový džem

VYTVÁŘÍ ASI 6 (½-PT./250 ML) SKLENIC

Ingredience

- 2½ lb. (1,25 kg) čerstvých broskví (5 velkých)
- 1 lžička (5 ml) limetková kůra
- 6 polévkových lžic (90 ml) Ball® Classic Pectin
- ¼ šálku (60 ml) čerstvé limetkové šťávy (asi 3 limetky)
- 2 (4 palce/10 cm) snítky rozmarýnu
- 5 šálků (1,25 l) cukru

Pokyny:

a) Broskve oloupeme škrabkou na zeleninu. Odstraňte pecky a nakrájejte nahrubo. Rozmačkejte šťouchadlem na brambory, dokud nebude rovnoměrně rozdrcená. Odměřte 4 šálky (1 l) drcených broskví do 6-qt. (6-L) nerezová nebo smaltovaná holandská trouba. Vmíchejte limetkovou kůru a další 3 přísady.

b) Přiveďte směs k plnému varu, který nelze míchat, na vysokém ohni za stálého míchání. Vařte 1 minutu za stálého míchání.

c) Přidejte cukr, míchejte, aby se rozpustil. Vraťte směs do úplného varu. Za stálého míchání vařte 1 minutu. Odstraňte z tepla. Vyjměte a zlikvidujte rozmarýn. V případě potřeby odstředěná pěna.

d) Horký džem nalijte do horké sklenice a ponechte ¼ palce (0,5 cm) prostoru nad hlavou. Odstraňte vzduchové bubliny. Otřete okraj nádoby. Středové víko na sklenici. Přiložte pásek a upravte jej tak, aby se dotýkal konečků prstů. Umístěte nádobu do nádoby s vařící vodou. Opakujte, dokud nebudou všechny sklenice naplněny.

e) Sklenice zpracujte 10 minut, upravte podle nadmořské výšky. Vypněte teplo; sejměte víko a nechte sklenice 5 minut stát. Vyjměte sklenice a ochlaďte.

11. Medovo- hruškový džem

VYRÁBÍ ASI 5 (½-PT./250-ML) SKLENIC

Ingredience

- 3¼ lb. (1,5 kg) pevných, zralých hrušek
- ½ šálku (125 ml) jablečné šťávy
- 1 polévková lžíce (15 ml) lahvová citronová šťáva
- ½ lžičky. (2,5 ml) mleté skořice
- 1 kus čerstvého zázvoru, oloupaného a jemně nastrouhaného
- 6 polévkových lžic (90 ml) Ball® Low or No-Sugar Pektin
- ½ šálku (125 ml) medu

Pokyny:

a) Smíchejte prvních 5 ingrediencí v 6-qt. (6-L) nerezová nebo smaltovaná holandská trouba. Vařte odkryté na středním plameni 15 minut nebo dokud hruška nezměkne, občas promíchejte. Hruškovou směs mírně rozmačkáme šťouchadlem na brambory a nalámeme na velké kousky.

b) Vmíchejte pektin. Přiveďte směs k plnému varu, který nelze míchat, na vysokém ohni za stálého míchání.

c) Vmíchejte med. Vraťte směs do úplného varu. Vařte 1 minutu za stálého míchání. Odstraňte z tepla. V případě potřeby odstředěná pěna.

d) Horký džem nalijte do horké sklenice a ponechte ¼ palce (0,5 cm) prostoru nad hlavou. Odstraňte vzduchové bubliny. Otřete okraj nádoby. Středové víko na sklenici. Přiložte pásek a upravte jej tak, aby se dotýkal konečků prstů. Umístěte nádobu do nádoby s vařící vodou. Opakujte, dokud nebudou všechny sklenice naplněny.

e) Sklenice zpracujte 10 minut, upravte podle nadmořské výšky. Vypněte teplo; sejměte víko a nechte sklenice 5 minut stát. Vyjměte sklenice a ochlaďte.

12. Džem z jablečného koláče

VYRÁBÍ ASI 5 (½-PT./250-ML) SKLENIC

Ingredience

- 6 šálků (1,5 l) nakrájeného oloupaného jablka Granny Smith (asi 6 jablek)
- 2 šálky (500 ml) jablečné šťávy nebo jablečného moštu
- 2 polévkové lžíce (30 ml) lahvová citronová šťáva
- 3 polévkové lžíce (45 ml) Ball® Classic Pectin
- 1 lžička (5 ml) mleté skořice
- ½ lžičky. (2 ml) mletého nového koření
- ¼ lžičky (1 ml) mletého muškátového oříšku
- 2 šálky (500 ml) cukru

Pokyny:

a) Přiveďte první 3 ingredience k varu v 6-qt. (6-L) nerezová nebo smaltovaná holandská trouba; snižte teplotu a za občasného míchání vařte odkryté 10 minut nebo dokud jablko nezměkne.

b) Vmícháme pektin a další 3 přísady. Přiveďte směs k plnému varu, který nelze míchat, na vysokém ohni za stálého míchání.

c) Přidejte cukr, míchejte, aby se rozpustil. Vraťte směs do úplného varu. Za stálého míchání vařte 1 minutu. Odstraňte z tepla. V případě potřeby odstředěná pěna.

d) Horký džem nalijte do horké sklenice a ponechte ¼ palce (0,5 cm) prostoru nad hlavou. Odstraňte vzduchové bubliny. Otřete okraj nádoby. Středové víko na sklenici. Přiložte pásek a upravte jej tak, aby se dotýkal konečků prstů. Umístěte nádobu do nádoby s vařící vodou. Opakujte, dokud nebudou všechny sklenice naplněny.

e) Sklenice zpracujte 10 minut, upravte podle nadmořské výšky. Vypněte teplo; sejměte víko a nechte sklenice 5 minut stát. Vyjměte sklenice a ochlaďte.

13. Broskvovo-bourbonový džem

VYRÁBÍ ASI 6 (½-PT./250-ML) SKLENIC

Ingredience

- 4 lb. (2 kg) čerstvých broskví, oloupaných
- 6 polévkových lžic (90 ml) Ball® Classic Pectin
- ¼ šálku (60 ml) lahvové citronové šťávy
- ¼ šálku (60 ml) bourbonu
- 2 polévkové lžíce (30 ml) jemně nasekaného krystalického zázvoru
- 7 šálků (1,75 l) cukru

Pokyny:

a) Broskve vypeckujeme a nakrájíme nahrubo. Odměřte 4½ šálku (1,1 l) nakrájených broskví do 6-qt. (6 l) z nerezové oceli nebo smaltované holandské trouby a rozmačkejte šťouchadlem na brambory, dokud se rovnoměrně nerozdrtí. Vmíchejte pektin a další 3 přísady.

b) Přiveďte směs k plnému varu, který nelze míchat, na vysokém ohni za stálého míchání.

c) Přidejte cukr, míchejte, aby se rozpustil. Vraťte směs do úplného varu. Za stálého míchání vařte 1 minutu. Odstraňte z tepla. V případě potřeby odstředěná pěna.

d) Horký džem nalijte do horké sklenice a ponechte ¼ palce (0,5 cm) prostoru nad hlavou. Odstraňte vzduchové bubliny. Otřete okraj nádoby. Středové víko na sklenici. Přiložte pásek a upravte jej tak, aby se dotýkal konečků prstů. Umístěte nádobu do nádoby s vařící vodou. Opakujte, dokud nebudou všechny sklenice naplněny.

e) Sklenice zpracujte 10 minut, upravte podle nadmořské výšky. Vypněte teplo; sejměte víko a nechte sklenice 5 minut stát. Vyjměte sklenice a ochlaďte.

14. Malinový „limonádový" džem s nízkým obsahem cukru

VYRÁBÍ ASI 6 (½-PT./250-ML) SKLENIC

Ingredience

- 3½ lb. (1,6 kg) čerstvých malin
- ½ šálku (125 ml) čerstvé citronové šťávy (asi 5 citronů)
- 4 polévkové lžíce (60 ml) Ball® Low nebo No-Sugar Pektin
- 1½ šálku (375 ml) medu

Pokyny:

a) Vložte maliny do 6-qt. (6-L) nerezová nebo smaltovaná holandská trouba. Maliny rozdrťte šťouchadlem na brambory.

b) Vmíchejte citronovou šťávu a pektin. Přiveďte směs k plnému varu, který nelze míchat, na vysokém ohni za stálého míchání.

c) Vmíchejte med. Vraťte směs do úplného varu. Za stálého míchání vařte 1 minutu. Odstraňte z tepla. V případě potřeby odstředěná pěna.

d) Nalijte horký džem do horké sklenice a ponechte ¼ palce (0,5 ml) prostoru nad hlavou. Odstraňte vzduchové bubliny. Otřete okraj nádoby. Středové víko na sklenici. Přiložte pásek a upravte jej tak, aby se dotýkal konečků prstů. Umístěte nádobu do nádoby s vařící vodou. Opakujte, dokud nebudou všechny sklenice naplněny.

e) Sklenice zpracujte 10 minut, upravte podle nadmořské výšky. Vypněte teplo; sejměte víko a nechte sklenice 5 minut stát. Vyjměte sklenice a ochlaďte.

15. Rajčatovo-bylinkový džem

VYRÁBÍ ASI 4 (½-PT./250-ML) SKLENICI

Ingredience

- 6 lb. (3 kg) švestkových rajčat zbavených jader a nakrájených
- 1 lžička (5 ml) soli
- ½ lžičky (2 ml) čerstvě mletého černého pepře
- 3 stroužky česneku, nasekané
- 2 bobkové listy
- 1 ½ šálku (375 ml) cukru
- ½ šálku (125 ml) balzamikového octa
- ¼ šálku (60 ml) suchého bílého vína
- 2 lžičky (10 ml) herbes de Provence

Pokyny:

a) Smíchejte prvních 5 ingrediencí v 6-qt. (6-L) nerezová nebo smaltovaná holandská trouba. Vařte odkryté na středně vysokém ohni 1 hodinu nebo do snížení na polovinu a často míchejte.

b) Vmíchejte cukr a další 3 přísady. Vařte odkryté na středním plameni 45 minut nebo do velmi zhoustnutí za občasného míchání. Vyjměte a vyhoďte bobkové listy.

c) Nalijte horkou marmeládu do horké sklenice a ponechte 0,5 ml prostoru nad hlavou. Odstraňte vzduchové bubliny. Otřete okraj nádoby. Středové víko na sklenici. Přiložte pásek a upravte jej tak, aby se dotýkal konečků prstů. Umístěte nádobu do nádoby s vařící vodou. Opakujte, dokud nebudou všechny sklenice naplněny.

d) Sklenice zpracujte 10 minut, upravte podle nadmořské výšky. Vypněte teplo; sejměte víko a nechte sklenice 5 minut stát. Vyjměte sklenice a ochlaďte.

16. Cuketovo-chlebová marmeláda

VYRÁBÍ ASI 4 (½-PT./250-ML) SKLENICI

Ingredience

- 4 šálky (1 l) nakrájené cukety
- 1 šálek (250 ml) jablečné šťávy
- 6 polévkových lžic (90 ml) Ball® Classic Pectin
- ¼ šálku (60 ml) zlatých rozinek
- 1 polévková lžíce (15 ml) lahvová citronová šťáva
- 1 lžička (5 ml) mleté skořice
- ½ lžičky. (2 ml) mletého muškátového oříšku
- 3 šálky (750 ml) cukru

Pokyny:

a) Smíchejte všechny přísady, kromě cukru, v 6-qt. (6-L) nerezová nebo smaltovaná holandská trouba. Přiveďte směs k plnému varu, který nelze míchat, na vysokém ohni za stálého míchání.

b) Přidejte cukr, míchejte, aby se rozpustil. Vraťte směs do úplného varu. Za stálého míchání vařte 1 minutu. Odstraňte z tepla. V případě potřeby odstředěná pěna.

c) Horký džem nalijte do horké sklenice a ponechte ¼ palce (0,5 cm) prostoru nad hlavou. Odstraňte vzduchové bubliny.

Otřete okraj nádoby. Středové víko na sklenici. Přiložte pásek a upravte jej tak, aby se dotýkal konečků prstů. Umístěte nádobu do nádoby s vařící vodou. Opakujte, dokud nebudou všechny sklenice naplněny.

d) Sklenice zpracujte 15 minut, upravte podle nadmořské výšky. Vypněte teplo; sejměte víko a nechte sklenice 5 minut stát. Vyjměte sklenice a ochlaďte.

17. Berry-ale džem

VYRÁBÍ ASI 6 (½-PT./250-ML) SKLENIC

Ingredience

- 2 šálky (500 ml) malin, borůvek nebo jahod
- 2 (12 oz./355 ml) lahve plochého světlého piva
- 6 polévkových lžic (90 ml) Ball® Classic Pectin
- 1 lžička (5 ml) citronová kůra
- 2 polévkové lžíce (30 ml) čerstvé citronové šťávy
- 4 šálky (1 l) cukru

Pokyny:

a) Vložte bobule do 6-qt. (6-L) nerezová nebo smaltovaná holandská trouba. Jahody rozdrťte šťouchadlem na brambory. Vmíchejte pivo a další 3 přísady. Přiveďte směs k plnému varu, který nelze míchat, na vysokém ohni za stálého míchání.

b) Přidejte cukr, míchejte, aby se rozpustil. Vraťte směs do úplného varu. Za stálého míchání vařte 1 minutu. Odstraňte z tepla. V případě potřeby odstředěná pěna.

c) Horký džem nalijte do horké sklenice a ponechte ¼ palce (0,5 cm) prostoru nad hlavou. Odstraňte vzduchové bubliny. Otřete okraj nádoby. Středové víko na sklenici. Přiložte pásek a upravte jej tak, aby se dotýkal konečků prstů.

Umístěte nádobu do nádoby s vařící vodou. Opakujte, dokud nebudou všechny sklenice naplněny.

d) Sklenice zpracujte 10 minut, upravte podle nadmořské výšky. Vypněte teplo; sejměte víko a nechte sklenice 5 minut stát. Vyjměte sklenice a ochlaďte.

18. chilkový džem s nízkým obsahem cukru

VYRÁBÍ ASI 5 (½-PT./250-ML) SKLENIC

Ingredience

- 2 velká jablka (asi 8½ unce/480 g, každé), oloupaná a nastrouhaná
- 3 polévkové lžíce (45 ml) lahvová citronová šťáva
- 4 šálky (1 l) jablečné šťávy
- 3 polévkové lžíce (45 ml) Ball® Low nebo No-Sugar Pektin
- 1 polévková lžíce (15 ml) drcený chile de árbol nebo sušená drcená červená paprika
- ½ šálku (125 ml) cukru
- ½ šálku (125 ml) medu

Pokyny:

a) Smíchejte nastrouhané jablko a citronovou šťávu v 4-qt. (4-L) nerezová nebo smaltovaná holandská trouba. Vařte za stálého míchání 10 minut nebo dokud jablko nezměkne.

b) Vmíchejte jablečnou šťávu, pektin a drcený chile de árbol. Přiveďte směs k plnému varu, který nelze míchat, na vysokém ohni za stálého míchání.

c) Přidejte cukr a med, míchejte, aby se cukr rozpustil. Vraťte směs do úplného varu. Za stálého míchání vařte 1 minutu. Odstraňte z tepla. V případě potřeby odstředěná pěna.

d) Horký džem nalijte do horké sklenice a ponechte ¼ palce (0,5 cm) prostoru nad hlavou. Odstraňte vzduchové bubliny. Otřete okraj nádoby. Středové víko na sklenici. Přiložte pásek a upravte jej tak, aby se dotýkal konečků prstů. Umístěte nádobu do nádoby s vařící vodou. Opakujte, dokud nebudou všechny sklenice naplněny.

e) Sklenice zpracujte 10 minut, upravte podle nadmořské výšky. Vypněte teplo; sejměte víko a nechte sklenice 5 minut stát. Vyjměte sklenice a ochlaďte.

19. Balzamikovo-cibulový džem

VYRÁBÍ ASI 5 (½-PT./250-ML) SKLENIC

Ingredience

- 2 lb. (1 kg) cibule nakrájené na kostičky
- ½ šálku (125 ml) balzamikového octa
- ½ šálku (125 ml) javorového sirupu
- 1½ lžičky. (7,5 ml) soli
- 2 lžičky (10 ml) mletého bílého pepře
- 1 bobkový list
- 2 šálky (500 ml) jablečné šťávy
- 3 polévkové lžíce (45 ml) Ball® Low nebo No-Sugar Pektin
- ½ šálku (125 ml) cukru

Pokyny:

a) Smíchejte prvních 6 ingrediencí v 6-qt. (6-L) nerezová nebo smaltovaná holandská trouba. Vařte na středním plameni 15 minut nebo dokud cibule nezezlátne, občas zamíchejte.

b) Vmíchejte jablečnou šťávu a pektin. Přiveďte směs k plnému varu, který nelze míchat, na vysokém ohni za stálého míchání.

c) Přidejte cukr, míchejte, aby se rozpustil. Vraťte směs do úplného varu. Za stálého míchání vařte 1 minutu. Odstraňte z tepla. Vyjměte a zlikvidujte bobkový list. V případě potřeby odstředěná pěna.

d) Horký džem nalijte do horké sklenice a ponechte $\frac{1}{4}$ palce (0,5 cm) prostoru nad hlavou. Odstraňte vzduchové bubliny. Otřete okraj nádoby. Středové víko na sklenici. Přiložte pásek a upravte jej tak, aby se dotýkal konečků prstů. Umístěte nádobu do nádoby s vařící vodou. Opakujte, dokud nebudou všechny sklenice naplněny.

e) Sklenice zpracujte 15 minut, upravte podle nadmořské výšky. Vypněte teplo; sejměte víko a nechte sklenice 5 minut stát. Vyjměte sklenice a ochlaďte.

20. Borůvkovo-citronová marmeláda

VYRÁBÍ ASI 4 (½-PT./250-ML) SKLENICI

Ingredience

- 4 šálky (1 l) čerstvých borůvek
- 3 ½ šálku (1,6 l) cukru
- 1 lžička (5 ml) citronová kůra
- 1 polévková lžíce (15 ml) čerstvé citronové šťávy
- 1 (3 oz./88,5 ml) sáček Ball® Liquid Pectin

Pokyny:

a) Borůvky omyjte, sceďte a lžící lehce rozdrťte (jen tolik, aby se slupka rozpůlila). Odměřte 2½ šálku (625 ml) rozdrcených borůvek do 6-qt. (6-L) nerezová nebo smaltovaná holandská trouba.

b) Přidejte cukr a další 2 přísady. Přiveďte směs k plnému varu, který nelze míchat, na vysokém ohni za stálého míchání.

c) Přidejte pektin a okamžitě vymačkejte celý obsah ze sáčku. Pokračujte v prudkém varu po dobu 1 minuty za stálého míchání. Odstraňte z tepla. V případě potřeby odstředěná pěna.

d) Nalijte horkou směs do horké nádoby a ponechte ¼ palce (0,5 cm) prostoru nad hlavou. Odstraňte vzduchové bubliny. Otřete okraj nádoby. Středové víko na sklenici. Přiložte pásek a upravte jej tak, aby se dotýkal konečků prstů. Umístěte nádobu do nádoby s vařící vodou. Opakujte, dokud nebudou všechny sklenice naplněny.

e) Sklenice zpracujte 10 minut, upravte podle nadmořské výšky. Vypněte teplo; sejměte víko a nechte sklenice 5 minut stát. Vyjměte sklenice a ochlaďte.

21. Jablečný džem

Ingredience:

- 2 šálky oloupaných hrušek zbavených jádřinců a nakrájených hrušek
- 1 šálek oloupaných, zbavených jader a nakrájených jablek
- 6-1/2 šálků cukru
- 1/4 lžičky mleté skořice
- 1/3 šálku lahvové citronové šťávy
- 6 uncí tekutý pektin

Pokyny:

a) Ve velkém hrnci rozdrťte jablka a hrušky a vmíchejte skořici.

b) Cukr a citronovou šťávu důkladně promícháme s ovocem a za stálého míchání přivedeme na prudkém ohni k varu. Ihned vmícháme pektin. Přiveďte k varu a vařte 1 minutu za stálého míchání.

c) Odstraňte z tepla, rychle seberte pěnu a naplňte sterilní sklenice, ponechte 1/4-palcový prostor nad hlavou. Okraje sklenic otřete navlhčenou čistou papírovou utěrkou.

d) Upravte víčka a zpracujte.

22. Jahodovo-rebarborové želé

Ingredience:

- 1-1/2 libry červené stonky rebarbory
- 1-1/2 litru zralých jahod
- 1/2 lžičky másla nebo margarínu pro snížení pěnění
- 6 šálků cukru
- 6 oz. tekutý pektin

Pokyny:

a) Omyjte a nakrájejte rebarboru na 1-palcové kousky a rozmixujte nebo rozemelte. Jahody omyjte, odstopkujte a rozdrťte, jednu vrstvu po druhé, v hrnci.

b) Vložte oba druhy ovoce do želé sáčku nebo dvojité vrstvy gázoviny a jemně vymačkejte šťávu. Do velkého hrnce odměřte 3-1/2 šálku šťávy. Přidejte máslo a cukr, důkladně promíchejte do šťávy.

c) Za stálého míchání přivedeme na prudkém ohni k varu. Ihned vmícháme pektin. Přiveďte k varu a vařte 1 minutu za stálého míchání.

d) Odstraňte z tepla, rychle seberte pěnu a naplňte sterilní sklenice, ponechte 1/4-palcový prostor. Okraje sklenic otřete navlhčenou čistou papírovou utěrkou.

e) Upravte víčka a zpracujte.

23. Borůvkovo-kořenící džem

Ingredience:

- 2-1/2 litru zralých borůvek
- 1 polévková lžíce citronové šťávy
- 1/2 lžičky mletého muškátového oříšku nebo skořice
- 5-1/2 šálků cukru
- 3/4 šálku vody
- 1 krabička (1-3/4 oz.) práškový pektin

Pokyny:

a) Borůvky omyjte a důkladně rozdrťte, jednu vrstvu po druhé, v hrnci. Přidejte citronovou šťávu, koření a vodu. Vmíchejte pektin a za častého míchání přiveďte na vysokou teplotu k varu.

b) Přidejte cukr a vraťte do úplného varu. Za stálého míchání 1 minutu prudce povařte.

c) Odstraňte z tepla, rychle seberte pěnu a naplňte sterilní sklenice, ponechte 1/4-palcový prostor. Okraje sklenic otřete navlhčenou čistou papírovou utěrkou.

d) Upravte víčka a zpracujte.

24. Hroznovo-švestkové želé

Ingredience:

- 3-1/2 libry zralé švestky
- 3 libry zralé hrozny Concord
- 1 šálek vody
- 1/2 lžičky másla nebo margarínu pro snížení pěny (volitelně)
- 8-1/2 šálků cukru
- 1 krabička (1-3/4 oz.) práškový pektin

Pokyny:

a) Švestky omyjte a vypeckujte; neloupat. Švestky a hrozny důkladně rozdrťte, jednu vrstvu po druhé, v hrnci s vodou. Přiveďte k varu, přikryjte a vařte 10 minut.

b) Šťávu přeceďte přes želé sáček nebo dvojitou vrstvu tenká. Odměřte cukr a dejte stranou.

c) Smíchejte 6-1/2 šálku šťávy s máslem a pektinem ve velkém hrnci. Za stálého míchání přivedeme na prudkém ohni k varu. Přidejte cukr a vraťte do úplného varu. Za stálého míchání 1 minutu prudce povařte.

d) Odstraňte z tepla, rychle seberte pěnu a naplňte sterilní sklenice, ponechte 1/4-palcový prostor. Okraje sklenic otřete navlhčenou čistou papírovou utěrkou.

e) Upravte víčka a zpracujte.

25. Želé ze zlatého pepře

Ingredience:

- 5 šálků nakrájené žluté papriky
- ½ šálku nakrájených chilli papriček Serrano
- 1-1/2 šálku bílého destilovaného octa (5%)
- 5 šálků cukru
- 1 sáček (3 oz.) tekutého pektinu

Pokyny:

a) Všechny papriky důkladně omyjte; papriky zbavte stopek a semen. Vložte sladkou a pálivou papriku do mixéru nebo kuchyňského robotu.

b) Přidejte tolik octa, aby se papriky rozmělnily, a poté rozmixujte. Smíchejte pepřovo-octové pyré a zbývající ocet do 8 nebo 10litrového hrnce. Zahřejte k varu; poté vařte 10 minut, abyste získali chuť a barvu.

c) Sundejte z ohně a sceďte přes želé sáček do misky. (Upřednostňuje se želé sáček; lze také použít několik vrstev gázoviny.)

d) Odměřte 2-1/4 šálku přecezené pepřovo-octové šťávy zpět do hrnce. Vmíchejte cukr, dokud se nerozpustí a vraťte směs k varu. Přidejte pektin, vraťte do plného varu a za stálého míchání vařte 1 minutu.

e) Odstraňte z tepla, rychle odstraňte veškerou pěnu a naplňte do sterilních sklenic, ponechte 1/4-palcový prostor. Okraje sklenic otřete navlhčenou čistou papírovou utěrkou.

f) Upravte víčka a zpracujte.

26. Broskvovo-ananasová pomazánka

Ingredience:

- 4 šálky okapané broskvové dužiny
- 2 šálky scezeného neslazeného drceného ananasu
- 1/4 šálku lahvové citronové šťávy
- 2 šálky cukru (volitelně)

Pokyny:

a) Důkladně omyjte 4 až 6 liber pevných, zralých broskví. Dobře sceďte. Oloupejte a odstraňte pecky. Dužinu ovoce umelte střední nebo hrubou čepelí nebo rozdrťte vidličkou (nepoužívejte mixér).

b) Vložte mleté nebo drcené ovoce do 2-litrového hrnce. Pomalu zahřívejte, aby pustila šťávu, za stálého míchání, dokud ovoce nezměkne.

c) Vařené ovoce vložte do želé sáčku nebo sítka vyloženého čtyřmi vrstvami tenká. Nechte šťávu asi 15 minut odkapat. Šťávu si uschovejte na želé nebo jiné použití.

d) Odměřte 4 šálky scezené ovocné dužiny na přípravu pomazánky. Smíchejte 4 šálky dužiny, ananasu a citronové šťávy ve čtyřlitrovém hrnci. Podle potřeby přidejte až 2 šálky cukru a dobře promíchejte. Zahřejte a 10 až 15 minut mírně vařte, míchejte dostatečně, aby se nepřilepily.

e) Rychle plňte horké sklenice a ponechejte 1/4-palcový prostor nad hlavou. Okraje sklenic otřete navlhčenou čistou papírovou utěrkou.

f) Upravte víčka a zpracujte.

27. Chlazená jablečná pomazánka

Ingredience:

- 2 polévkové lžíce neochuceného želatinového prášku
- 1-litrová láhev neslazeného jablečného džusu
- 2 polévkové lžíce lahvové citronové šťávy
- 2 polévkové lžíce tekutého nízkokalorického sladidla
- V případě potřeby potravinářské barvivo

Pokyny:

a) V hrnci zjemněte želatinu ve šťávě z jablek a citronu. Aby se želatina rozpustila, přiveďte k varu a vařte 2 minuty. Odstraňte z tepla. Podle potřeby vmíchejte sladidlo a potravinářské barvivo.

b) Naplňte sklenice a ponechte 1/4-palcový prostor nad hlavou. Okraje sklenic otřete navlhčenou čistou papírovou utěrkou. Upravte víčka. Nezpracovávejte ani nezmrazujte.

c) Uchovávejte v chladničce a spotřebujte do 4 týdnů.

28. Chladnička hroznová pomazánka

Ingredience:

- 2 polévkové lžíce neochuceného želatinového prášku
- 1 láhev (24 uncí) neslazené hroznové šťávy
- 2 polévkové lžíce lahvové citronové šťávy
- 2 polévkové lžíce tekutého nízkokalorického sladidla

Pokyny:

a) V hrnci zjemněte želatinu ve šťávě z hroznů a citronu. Přiveďte k varu, aby se želatina rozpustila. Vařte 1 minutu a odstraňte z tepla. Vmíchejte sladidlo.

b) Rychle plňte horké sklenice a ponechejte 1/4-palcový prostor nad hlavou. Okraje sklenic otřete navlhčenou čistou papírovou utěrkou.

c) Upravte víčka. Nezpracovávejte ani nezmrazujte.

d) Uchovávejte v chladničce a spotřebujte do 4 týdnů.

29. Jablečné želé bez přidaného pektinu

Ingredience:

- 4 šálky jablečné šťávy
- 2 lžíce propasírované citronové šťávy, je-li to žádoucí
- 3 šálky cukru

Pokyny:

a) K přípravě šťávy. Použijte poměr jedné čtvrtiny nedozrálých jablek a tří čtvrtin plně zralého kyselého ovoce.

b) seřadit, omyjte a odstraňte konce stonků a květů; neořezávejte ani jádro. Jablka nakrájíme na malé kousky. Přidejte vodu, přikryjte a přiveďte k varu na vysoké teplotě. Snižte teplotu a vařte 20 až 25 minut nebo dokud jablka nezměknou. Extrahujte šťávu.

c) Na výrobu želé. Odměřte jablečnou šťávu konvice. Přidejte citronovou šťávu a cukr a dobře promíchejte. Vařte na vysoké teplotě na 8 °F nad bodem varu vody nebo dokud směs želé nespadne na plát ze lžíce.

d) Odstraňte z tepla; rychle setřete pěnu. Ihned nalijte želé do horkých sterilních zavařovacích sklenic $\frac{1}{4}$ palce od vrcholu. Uzavřete a zpracujte 5 minut ve vroucí vodní lázni.

30. Jablečná marmeláda bez přidaného pektinu

Ingredience:

- 8 šálků na tenké plátky nakrájených jablek
- 1 oranžový
- 1½ šálku vody
- 5 šálků cukru
- 2 lžíce citronové šťávy

Pokyny:

a) K přípravě ovoce. Vyberte kyselá jablka. Jablka omyjeme, nakrájíme, rozčtvrtíme a zbavíme jádřinců. Nakrájejte na tenké plátky. Pomeranč rozčtvrťte, odstraňte všechna semínka a nakrájejte na velmi tenké plátky.

b) K výrobě marmelády. Zahřívejte vodu a cukr, dokud se cukr nerozpustí. Přidejte citronovou šťávu a ovoce. Vařte rychle za stálého míchání na 9 °F nad bod varu vody nebo dokud směs nezhoustne. Odstraňte z tepla; sbírat.

c) Okamžitě nalijte do horkých sterilních zavařovacích sklenic ½ palce od vrcholu. Těsnění. Zpracujte 5 minut ve vroucí vodní lázni.

31. Blackberry Jelly bez přidaného pektinu

Ingredience:

- 8 šálků ostružinové šťávy
- 6 šálků cukru

Pokyny:

a) K přípravě šťávy. Vyberte poměr jedné čtvrtiny nedozrálých bobulí a tří čtvrtin zralého ovoce. Třídit a umýt; odstraňte všechny stonky nebo čepice. Rozdrťte bobule, přidejte vodu, přikryjte a přiveďte k varu na vysoké teplotě. Snižte teplotu a vařte 5 minut. Extrahujte šťávu.

b) Na výrobu želé. Odměřte šťávu do konvice. Přidejte cukr a dobře promíchejte. Vařte na vysoké teplotě až 8 °F nad bod varu vody nebo dokud směs želé nespadne na plát ze lžíce.

c) Odstraňte z tepla; rychle setřete pěnu. Ihned nalijte želé do horkých sterilních zavařovacích sklenic ¼ palce od vrcholu. Uzavřete a zpracujte 5 minut ve vroucí vodní lázni.

32. Třešňové želé s práškovým pektinem

Ingredience:

- 3 ½ šálků třešňové šťávy
- 1 balení práškového pektinu
- 4 ½ šálků cukru

Pokyny:

a) K přípravě šťávy. Vyberte plně zralé třešně. Třídit, umýt a odstranit stonky; nedělat jámy. Rozdrťte třešně, přidejte vodu, přikryjte a přiveďte k varu na vysoké teplotě. Snižte teplotu a vařte 10 minut. Extrahujte šťávu.

b) Na výrobu želé. Odměřte šťávu do konvice. Přidejte pektin a dobře promíchejte. Umístěte na vysokou teplotu a za stálého míchání rychle přiveďte k plnému varu, které nelze míchat.

c) Přidejte cukr, pokračujte v míchání a znovu zahřejte do úplného varu. 1 minutu prudce vařte.

d) Odstraňte z tepla; rychle setřete pěnu. Nalijte želé do horkých, sterilních zavařovacích sklenic ¼ palce od horní části. Uzavřete a zpracujte 5 minut ve vroucí vodní lázni.

33. Višňový džem s práškovým pektinem

Ingredience:

- 4 šálky mletých vypeckovaných třešní
- 1 balení práškového pektinu
- 5 šálků cukru

Pokyny:

a) K přípravě ovoce. Roztřiďte a omyjte plně zralé třešně; odstraňte stonky a pecky. Třešně umelte nebo nasekejte najemno.

b) K výrobě džemu. Do konvice odměřte předem připravené třešně. Přidejte pektin a dobře promíchejte. Dejte na vysokou teplotu a za stálého míchání přiveďte rychle do plného varu s bublinkami po celém povrchu.

c) Přidejte cukr, pokračujte v míchání a znovu zahřejte do plného bublavého varu. Za stálého míchání 1 minutu prudce povařte. Přesuňte se z tepla; sbírat.

d) Okamžitě nalijte do horkých sterilních zavařovacích sklenic $\frac{1}{4}$ palce od horní části. Uzavřete a zpracujte 5 minut ve vroucí vodní lázni.

34. Fíkový džem s tekutým pektinem

Ingredience:

- 4 šálky drcených fíků (asi 3 libry fíků)
- ½ šálek citronové šťávy
- 7 ½ šálků cukru
- ½ láhve tekutého pektinu

Pokyny:

a) K přípravě ovoce. Roztřiďte a omyjte plně zralé fíky; odstraňte konce stonků. Rozdrťte nebo rozdrťte ovoce.

b) K výrobě džemu. Vložte drcené fíky a citronovou šťávu do konvice. Přidejte cukr a dobře promíchejte. Umístěte na vysokou teplotu a za stálého míchání přiveďte rychle k plnému varu s bublinkami po celém povrchu. Za stálého míchání 1 minutu prudce povařte.

c) Odstraňte z tepla. Vmíchejte pektin. Rychle setřete pěnu. Ihned nalijte do horkých, sterilních zavařovacích sklenic do ¼ palce z vrchu. Uzavřete a zpracujte 5 minut ve vroucí vodní lázni.

35. Hroznové želé s práškovým pektinem

Ingredience:

- 5 šálků hroznové šťávy
- 1 balení práškového pektinu
- 7 šálků cukru

Pokyny:

a) K přípravě šťávy. Z plně zralých hroznů roztřiďte, omyjte a odstraňte stopky. Rozdrťte hrozny, přidejte vodu, přikryjte a přiveďte k varu na vysoké teplotě. Snižte teplotu a vařte 10 minut. Extrahujte šťávu.

b) Na výrobu želé. Odměřte šťávu do konvice. Přidejte pektin a dobře promíchejte. Umístěte na vysokou teplotu a za stálého míchání rychle přiveďte k plnému varu, které nelze míchat.

c) Přidejte cukr, pokračujte v míchání a znovu přiveďte k varu. 1 minutu prudce vařte.

d) Odstraňte z tepla; rychle setřete pěnu. Ihned nalijte želé do horkých sterilních zavařovacích sklenic $\frac{1}{4}$ palce od vrcholu. Uzavřete a zpracujte 5 minut ve vroucí vodní lázni.

Vyrábí 8 nebo 9 půllitrových sklenic.

36. Mátovo-ananasový džem s tekutým pektinem

Ingredience:

- Jeden 20 oz. může drcený ananas ¾ šálku vody
- ¼ šálku citronové šťávy
- 7 ½ šálků cukru
- 1 lahvička tekutého pektinu ½ čajové lžičky mátového extraktu Několik kapek zeleného barviva

Pokyny:

a) Vložte drcený ananas do konvice. Přidejte vodu, citronovou šťávu a cukr. Dobře promíchejte.

b) Umístěte na vysokou teplotu a za stálého míchání přivedeme rychle do plného varu s bublinkami po celém povrchu. Za stálého míchání 1 minutu prudce povařte. Odstraňte z tepla; přidejte pektin, aromatický extrakt a barvivo. Skim.

c) Okamžitě nalijte do horkých sterilních zavařovacích sklenic ¼ palce od horní části. Uzavřete a zpracujte 5 minut ve vroucí vodní lázni.

Vyrábí 9 nebo 10 půllitrových sklenic.

37. Míchané ovocné želé s tekutým pektinem

Ingredience:

- 2 šálky brusinkové šťávy
- 2 šálky kdoulové šťávy
- 1 šálek jablečné šťávy
- 7 ½ šálků cukru
- ½ lahvičky tekutého pektinu

Pokyny:

a) K přípravě ovoce. Plně zralé brusinky roztřiďte a omyjte. Přidejte vodu, přikryjte a přiveďte k varu na vysoké teplotě. Snižte teplotu a vařte 20 minut. Extrahujte šťávu.

b) Kdoule roztřiďte a vyperte. Odstraňte konce stonků a květů; neořezávejte ani jádro. Nakrájejte na velmi tenké plátky nebo nakrájejte na malé kousky. Přidejte vodu, přikryjte a přiveďte k varu na vysoké teplotě. Snižte teplotu a vařte 25 minut. Extrahujte šťávu.

c) Jablka roztřiďte a omyjte. Odstraňte konce stonků a květů; neořezávejte ani jádro. Rozřezat na malé kousky. Přidejte vodu, přikryjte a přiveďte k varu na vysoké teplotě. Snižte teplotu a vařte 20 minut. Extrahujte šťávu.

d) Na výrobu želé. Odměřte šťávy do konvice. Vmíchejte cukr. Dáme na vysokou teplotu a za stálého míchání rychle přivedeme k plnému varu, které nelze rozhýbat.

e) Přidejte pektin a vraťte do plného varu. 1 minutu prudce vařte.

f) Odstraňte z tepla; rychle setřete pěnu. Ihned nalijte želé do horkých sterilních zavařovacích sklenic $\frac{1}{4}$ palce od vrcholu. Uzavřete a zpracujte 5 minut ve vroucí vodní lázni.

Vyrábí devět nebo deset sklenic o objemu 8 uncí.

38. Pomerančové želé

Ingredience:

- 3 ¼ šálků cukru
- 1 šálek vody
- 3 lžíce citronové šťávy ½ láhve tekutého pektinu
- Jedna plechovka 6 uncí (¾ šálku) zmrazené koncentrované pomerančové šťávy

Pokyny:

a) Do vody vmícháme cukr. Dáme na vysokou teplotu a za stálého míchání rychle přivedeme k plnému varu, které nelze míchat.

b) Přidejte citronovou šťávu. 1 minutu prudce vařte.

c) Odstraňte z tepla. Vmíchejte pektin. Přidejte rozmraženou koncentrovanou pomerančovou šťávu a dobře promíchejte.

d) Ihned nalijte želé do horkých sterilních zavařovacích sklenic ¼ palce od vrcholu. Uzavřete a zpracujte 5 minut ve vroucí vodní lázni.

Vyrábí 4 nebo 5 půllitrových sklenic.

39. Kořeněné pomerančové želé

Ingredience:

- 2 šálky pomerančové šťávy
- 1/3 šálku citronové šťávy
- 2/3 šálku vody
- 1 balení práškového pektinu
- 2 lžíce pomerančové kůry, nasekané
- 1 lžička celého nového koření
- ½ lžičky celého hřebíčku
- 4 tyčinky skořice, 2 palce dlouhé
- 3 ½ šálků cukru

Pokyny:

a) Smíchejte pomerančovou šťávu, citronovou šťávu a vodu ve velkém hrnci.

b) Vmíchejte pektin.

c) Vložte pomerančovou kůru, nové koření, hřebíček a tyčinky skořice volně do čisté bílé látky, svažte provázkem a přidejte ovocnou směs.

d) Dáme na vysokou teplotu a za stálého míchání rychle přivedeme k plnému varu, které nelze rozhýbat.

e) Přidejte cukr, pokračujte v míchání a znovu zahřejte do plného varu. 1 minutu prudce vařte.

f) Odstraňte z tepla. Vyjměte sáček s kořením a rychle odstraňte pěnu. Ihned nalijte želé do horkých sterilních zavařovacích sklenic ¼ palce od vrcholu. Uzavřete a zpracujte 5 minut ve vroucí vodní lázni.

Vyrábí 4 půllitrové sklenice.

40. Pomerančová marmeláda

Ingredience:

- ¾ šálek grapefruitové kůry (½ grapefruitu)
- ¾ šálek pomerančové kůry (1 pomeranč)
- 13/ šálku citronové kůry (1 citron)
- 1 litr studené vody
- Dužnina z 1 grapefruitu
- Dužnina ze 4 středně velkých pomerančů
- 2 šálky citronové šťávy
- 2 šálky vroucí vody
- 3 šálky cukru

Pokyny:

a) K přípravě ovoce. Ovoce omyjeme a oloupeme. Kůru nakrájejte na tenké proužky. Přidejte studenou vodu a vařte v zakryté pánvi do změknutí (asi 30 minut). Vypusťte.

b) Z oloupaného ovoce odstraňte semínka a membránu. Ovoce nakrájíme na malé kousky.

c) K výrobě marmelády. Ke slupce a ovoci přidejte vroucí vodu. Přidejte cukr a za častého míchání rychle vařte na 9 °F nad bod varu vody (asi 20 minut). Odstraňte z tepla; sbírat.

d) Okamžitě nalijte do horkých sterilních zavařovacích sklenic ¼ palce od horní části. Uzavřete a zpracujte 5 minut ve vroucí vodní lázni.

Vyrábí 3 nebo 4 půllitrové sklenice.

41. Meruňkovo-pomerančová konzerva

Ingredience:

- 3 ½ šálků nakrájených okapaných meruněk
- 1 ½ šálku pomerančové šťávy
- Kůra z ½ pomeranče, nakrájená
- 2 lžíce citronové šťávy
- 3 ¼ šálků cukru
- ½ šálku nasekaných ořechů

Pokyny:

a) K přípravě sušených meruněk. Meruňky vařte nezakryté ve 3 šálcích vody do měkka (asi 20 minut); scedíme a nakrájíme.

b) Aby se šetřilo. Smíchejte všechny ingredience kromě ořechů. Vařte za stálého míchání na 9 °F nad bodem varu vody nebo do zhoustnutí. Přidejte ořechy; dobře promíchejte. Odstraňte z tepla; sbírat.

c) Okamžitě nalijte do horkých sterilních zavařovacích sklenic ¼ palce od horní části. Uzavřete a zpracujte 5 minut ve vroucí vodní lázni.

Vyrobí asi 5 půllitrových sklenic.

42. Broskvový džem s práškovým pektinem

Ingredience:

- 3 ¾ šálků drcené broskve s
- ½ šálku citronové šťávy
- 1 balení práškového pektinu
- 5 šálků cukru

Pokyny:

a) K přípravě ovoce. Plně zralé broskve roztřiďte a omyjte. Odstraňte stonky, slupky a pecky. Rozdrťte broskve.

b) K výrobě džemu. Rozdrcené broskve odměřte do konvice. Přidejte citronovou šťávu a pektin; dobře promíchejte. Dejte na vysokou teplotu a za stálého míchání přiveďte rychle k plnému varu s bublinkami po celém povrchu.

c) Přidejte cukr, pokračujte v míchání a znovu zahřejte do plného, bublavého varu. Za stálého míchání 1 minutu prudce povařte. Odstraňte z tepla; sbírat.

d) Okamžitě nalijte do horkých sterilních zavařovacích sklenic ¼ palce od horní části. Uzavřete a zpracujte 5 minut ve vroucí vodní lázni.

Vyrobí asi 6 půllitrových sklenic.

43. Kořeněný borůvkovo-broskvový džem

Ingredience:

- 4 šálky nakrájené nebo mleté broskve s
- 4 šálky borůvek
- 2 lžíce citronové šťávy
- ½ šálku vody
- 5 ½ šálků cukru
- ½ lžička soli
- 1 tyčinka skořice
- ½ lžičky celého hřebíčku
- ¼ lžičky celého nového koření

Pokyny:

a) K přípravě ovoce. Roztřiďte a omyjte plně zralé broskve; oloupejte a odstraňte pecky. Broskve nakrájejte nebo umelte.

b) Čerstvé borůvky roztřiďte, omyjte a odstraňte veškeré stonky.

c) Rozmrazte mražené bobule.

d) K výrobě džemu. Odměřte ovoce do konvice; přidáme citronovou šťávu a vodu. Přikryjeme, přivedeme k varu a za občasného míchání vaříme 10 minut.

e) Přidejte cukr a sůl; dobře promíchejte. Přidáme koření zavázané v utěrce. Vařte rychle za stálého míchání na 9 °F nad bod varu vody nebo dokud směs nezhoustne.

f) Okamžitě nalijte do horkých sterilních zavařovacích sklenic $\frac{1}{4}$ palce od horní části. Uzavřete a zpracujte 5 minut ve vroucí vodní lázni.

Vyrábí 6 nebo 7 půllitrových sklenic.

44. Broskvovo-pomerančová marmeláda

Ingredience:

- 5 šálků nakrájených nebo mletých broskví
- 1 šálek nasekaných nebo mletých pomerančů

Pokyny:

a) Kůra z 1 pomeranče, nastrouhaná 2 lžíce citronové šťávy 6 šálků cukru

b) K přípravě ovoce. Plně zralé broskve roztřiďte a omyjte. C broskve chmelíme nebo umeleme.

c) Z pomerančů odstraňte kůru, bílou část a semínka.

d) Dužninu chmelíme nebo umeleme.

e) K výrobě marmelády. Připravené ovoce odměřte do konvice. Přidejte zbývající přísady a dobře promíchejte. Vařte rychle za stálého míchání na 9 °F nad bod varu vody nebo dokud směs nezhoustne. Odstraňte z tepla; sbírat.

f) Okamžitě nalijte do horkých sterilních zavařovacích sklenic $\frac{1}{4}$ palce od horní části. Uzavřete a zpracujte 5 minut ve vroucí vodní lázni.

Vyrábí 6 nebo 7 půllitrových sklenic.

45. Ananasový džem s tekutým pektinem

Ingredience:

- Jedna 20-uncová plechovka drceného ananasu
- 3 lžíce citronové šťávy
- 3 ¼ šálků cukru
- ½ lahvičky tekutého pektinu

Pokyny:

a) Smíchejte ananas a citronovou šťávu v konvici. Přidejte cukr a dobře promíchejte. Dejte na vysokou teplotu a za stálého míchání přiveďte rychle k varu s bublinkami po celé ploše povrch.

b) Za stálého míchání 1 minutu prudce povařte.

c) Odstraňte z tepla; vmícháme pektin. Skim.

d) Necháme 5 minut odstát.

e) Okamžitě nalijte do horkých sterilních zavařovacích sklenic ¼ palce od horní části.

f) Uzavřete a zpracujte 5 minut ve vroucí vodní lázni.

Vyrábí 4 nebo 5 půllitrových sklenic.

46. Švestkové želé s tekutým pektinem

Ingredience:

- 4 šálky švestkové šťávy
- 7 ½ šálků cukru
- ½ lahvičky tekutého pektinu

Pokyny:

a) K přípravě šťávy. Roztřiďte a omyjte plně zralé švestky a nakrájejte na kousky; neloupejte ani nevypeckujte. Rozdrťte ovoce, přidejte vodu, přikryjte a přiveďte k varu na vysoké teplotě. Snižte teplotu a vařte 10 minut. Extrahujte šťávu.

b) Na výrobu želé. Odměřte šťávu do konvice. Vmíchejte cukr. Dáme na vysokou teplotu a za stálého míchání rychle přivedeme k plnému varu, které nelze rozhýbat.

c) Přidejte pektin; přiveďte znovu k plnému varu. Vařte natvrdo 1 minutu.

d) Odstraňte z tepla; rychle setřete pěnu. Ihned nalijte želé do horkých sterilních zavařovacích sklenic ¼ palce od vrcholu. Uzavřete a zpracujte 5 minut ve vroucí vodní lázni.

Vyrábí 7 nebo 8 půllitrových sklenic.

47. Kdoulový želé bez přidaného pektinu

Ingredience:

- 3 ¾ šálků šťávy z kdoule
- 1/3 šálku citronové šťávy
- 3 šálky cukru

Pokyny:

a) K přípravě šťávy. Zvolte poměr asi jedné čtvrtiny nezralých kdoulí a tří čtvrtin plně zralých plodů. Roztřiďte, umyjte a odstraňte stonky a konce květů; neořezávejte ani jádro. Kdoule nakrájíme na velmi tenké plátky nebo na malé kousky.

b) Přidejte vodu, přikryjte a přiveďte k varu na vysoké teplotě. Snižte teplotu a vařte 25 minut. Extrahujte šťávu.

c) Na výrobu želé. Odměřte šťávu z kdoule do konvice. Přidejte citronovou šťávu a cukr. Dobře promíchejte. Vařte na vysoké teplotě až 8 °F nad bod varu vody nebo dokud směs želé nevytvoří ze lžíce plát.

d) Odstraňte z tepla; rychle setřete pěnu. Nalijte želé do horkých, sterilních zavařovacích sklenic ¼ palce od horní části. Uzavřete a zpracujte 5 minut ve vroucí vodní lázni.

e) Vyrábí asi čtyři sklenice o objemu 8 uncí.

48. Jahodový džem s práškovým pektinem

Ingredience:

- 5 ½ šálků drcených jahod
- 1 balení práškového pektinu
- 8 šálků cukru

Pokyny:

a) K přípravě ovoce. Roztřiďte a omyjte plně zralé jahody; přesuňte stonky a čepice. Rozdrťte bobule.

b) K výrobě džemu. Rozdrcené jahody odměřte do konvice. Přidejte pektin a dobře promíchejte. Dáme na vysokou teplotu a za stálého míchání rychle přivedeme k plnému varu s bublinkami po celém povrchu.

c) Přidejte cukr, pokračujte v míchání a znovu zahřejte do plného, bublavého varu. Za stálého míchání 1 minutu prudce povařte. Přesuňte se z tepla; sbírat.

d) Okamžitě nalijte do horkých sterilních zavařovacích sklenic ¼ palce od horní části. Uzavřete a zpracujte 5 minut ve vroucí vodní lázni.

e) Vyrábí 9 nebo 10 půllitrových sklenic.

49. Tutti-Frutti džem

Ingredience:

- 3 šálky nakrájených nebo mletých hrušek
- 1 velký pomeranč
- ¾ šálku scezeného drceného ananasu
- ¼ šálku nakrájených maraschino třešní
- ¼ šálku citronové šťávy
- 1 balení práškového pektinu
- 5 šálků cukru

Pokyny:

a) K přípravě ovoce. Roztřiďte a omyjte zralé hrušky; pare a core. Hrušky nakrájejte nebo umelte. Pomeranč oloupeme, odstraníme semínka a dužinu nasekáme nebo nasekáme.

b) K výrobě džemu. Nakrájené hrušky odměřte do konvice. Přidejte pomeranč, ananas, třešně a citronovou šťávu. Vmíchejte pektin.

c) Dáme na vysokou teplotu a za stálého míchání rychle přivedeme k plnému varu s bublinkami po celém povrchu.

d) Přidejte cukr, pokračujte v míchání a znovu zahřejte do plného bublavého varu. Za stálého míchání 1 minutu prudce povařte. Přesuňte se z tepla; sbírat.

e) Okamžitě nalijte do horkých sterilních zavařovacích sklenic $\frac{1}{4}$ palce od horní části. Uzavřete a zpracujte 5 minut ve vroucí vodní lázni.

Vyrábí 6 nebo 7 půllitrových sklenic.

OVOCE A OVOCNÉ VÝROBKY

50. Jablečné máslo

Ingredience:

- 8 liber jablka
- 2 šálky cideru
- 2 šálky octa
- 2-1/4 šálku bílého cukru
- 2-1/4 šálků baleného hnědého cukru
- 2 polévkové lžíce mleté skořice
- 1 polévková lžíce mletého hřebíčku

Pokyny:

a) Omyjte, odstraňte stopky, čtvrtky a jádřince. Vařte pomalu v moštu a octu do měkka. Prolisujte ovoce přes cedník, mlýnek na potraviny nebo sítko. Za častého míchání uvařte ovocnou dřeň s cukrem a kořením.

b) Chcete-li otestovat propečenost, vyjměte lžíci a držte ji mimo dosah páry po dobu 2 minut. Je hotovo, pokud máslo zůstane na lžíci navršené. Dalším způsobem, jak zjistit, kdy je máslo dostatečně uvařené, je nanést malé množství na talíř. Horké naplňte do sterilních půllitrových nebo půllitrových sklenic a ponechejte 1/4-palcový prostor nad hlavou. Okraje sklenic otřete navlhčenou čistou papírovou utěrkou.

c) Upravte víčka a zpracujte.

51. Kořeněné jablečné kroužky

Ingredience:

- 12 liber pevná koláčová jablka (maximální průměr, 2-1/2 palce)
- 12 šálků cukru
- 6 šálků vody
- 1-1/4 šálku bílého octa (5%)
- 3 polévkové lžíce celého hřebíčku
- 3/4 šálku červené horké skořice bonbóny nebo
- 8 tyčinek skořice a
- 1 lžička červeného potravinářského barviva (volitelné)

Pokyny:

a) Umyjte jablka. Abyste zabránili změně barvy, oloupejte a nakrájejte jedno jablko po druhém. Okamžitě nakrájejte příčně na 1/2-palcové plátky, odstraňte oblast jádra pomocí baličky na meloun a ponořte do roztoku kyseliny askorbové.

b) Chcete-li vyrobit ochucený sirup, kombinujte cukr, vodu, ocet, hřebíček, skořicové bonbóny nebo tyčinky skořice a potravinářské barvivo v hrnci o objemu 6 qt. Promíchejte, zahřejte k varu a vařte 3 minuty.

c) Sceďte jablka, přidejte do horkého sirupu a vařte 5 minut. Naplňte horké sklenice (nejlépe se širokým hrdlem) kolečky jablek a horkým ochuceným sirupem, ponechte 1/2-palcový prostor nad hlavou.

d) Odstraňte vzduchové bubliny a v případě potřeby upravte prostor nad hlavou. Okraje sklenic otřete navlhčenou čistou papírovou utěrkou.

e) Upravte víčka a zpracujte.

52. Kořeněná krabí jablka

Ingredience:

- 5 liber krabí jablka
- 4-1/2 šálků jablečného octa (5%)
- 3-3/4 hrnku vody
- 7-1/2 šálků cukru
- 4 lžičky celého hřebíčku
- 4 tyčinky skořice
- Šest 1/2palcových kostek čerstvého kořene zázvoru

Pokyny:

a) Odstraňte okvětní lístky a jablka omyjte, ale stonky ponechejte připojené. Propíchněte slupku každého jablka čtyřikrát sekáčkem na led nebo párátkem. Smíchejte ocet, vodu a cukr a přiveďte k varu.

b) Přidejte koření svázané v sáčku s kořením nebo v utěrce. Pomocí blanšírovacího koše nebo síta ponořte 1/3 jablek najednou ve vroucím roztoku octa/sirupu po dobu 2 minut. Vložte vařená jablka a sáček s kořením do čisté nádoby o objemu 1 nebo 2 galonů a přidejte horký sirup.

c) Přikryjeme a necháme přes noc stát. Vyjměte sáček s kořením, vypusťte sirup do velkého hrnce a znovu zahřejte k varu. Naplňte horké půllitrové sklenice jablky a horkým sirupem, ponechte 1/2-palcový prostor nad hlavou. Odstraňte vzduchové bubliny a v případě potřeby upravte prostor nad hlavou.

d) Okraje sklenic otřete navlhčenou čistou papírovou utěrkou. Upravte víčka a zpracujte.

53. Okurky z melounu

Ingredience:

- 5 liber z 1palcových kostek melounu
- 1 lžička drcených vloček červené papriky
- 2 jednopalcové skořicové tyčinky
- 2 lžičky mletého hřebíčku
- 1 lžička mletého zázvoru
- 4-1/2 šálků jablečného octa (5%)
- 2 šálky vody
- 1-1/2 hrnku bílého cukru
- 1-1/2 šálku baleného světle hnědého cukru
- Výtěžek: Asi 4 půllitrové sklenice

Pokyny:

Den první:

a) Meloun omyjte a nakrájejte na poloviny; odstranit semena. Nakrájejte na 1 palcové plátky a oloupejte. Nakrájejte proužky masa na 1 palcové kostky.

b) Odvažte 5 liber kousků a vložte je do velké skleněné mísy. Vložte vločky červené papriky, tyčinky skořice, hřebíček a zázvor do sáčku s kořením a konce pevně svažte.

c) Smíchejte ocet a vodu ve 4litrové nádobě. Přiveďte k varu a poté vypněte teplo. Do směsi octa a vody přidejte sáček s kořením a za občasného míchání nechte 5 minut louhovat. Kousky melounu v misce přelijte horkým roztokem octa a sáčkem koření. Zakryjte potravinářskou plastovou poklicí nebo fólií a nechte stát přes noc v lednici (asi 18 hodin).

Den druhý:

d) Opatrně vylijte roztok octa do velkého 8 až 10litrového hrnce a přiveďte k varu. Přidejte cukr; mícháme do rozpuštění. Přidejte meloun a přiveďte zpět k varu. Snižte teplotu a vařte, dokud kousky melounu nezprůhlední (asi 1 až 1-1/4 hodiny). Vyjměte kousky melounu do středně velkého hrnce, přikryjte a dejte stranou.

e) Zbývající tekutinu přiveďte k varu a vařte dalších 5 minut. Vraťte meloun do tekutého sirupu a přiveďte zpět k varu. Pomocí děrované lžíce naplňte horké kousky melounu do horkých půllitrových sklenic a ponechejte 1-palcový prostor nad hlavou. Zakryjte vroucím horkým sirupem, ponechte 1/2-palcový prostor.

f) Odstraňte vzduchové bubliny a v případě potřeby upravte prostor nad hlavou. Okraje sklenic otřete navlhčenou čistou papírovou utěrkou. Upravte víčka a zpracujte.

54. Brusinkové pomerančové chutney

Ingredience:

- 24 uncí čerstvých celých brusinek
- 2 šálky nakrájené bílé cibule
- 2 šálky zlatých rozinek
- 1-1/2 hrnku bílého cukru
- 1-1/2 šálku baleného hnědého cukru
- 2 šálky bílého destilovaného octa (5%)
- 1 šálek pomerančové šťávy
- 4 lžičky oloupaného, nastrouhaného čerstvého zázvoru
- 3 tyčinky skořice

Pokyny:

a) Brusinky dobře opláchněte. Smíchejte všechny ingredience ve velké holandské troubě. Přiveďte k varu na vysoké teplotě; snižte teplotu a mírně vařte 15 minut nebo dokud brusinky nezměknou. Často míchejte, aby nedošlo k připálení.

b) Vyjměte tyčinky skořice a vyhoďte. Horké chutney naplňte do horkých půllitrových sklenic a ponechejte 1/2-palcový prostor.

c) Odstraňte vzduchové bubliny a v případě potřeby upravte prostor nad hlavou. Okraje sklenic otřete navlhčenou čistou papírovou utěrkou. Upravte víčka a zpracujte.

55. Mango chutney

Ingredience:

- 11 šálků nebo 4 libry. nakrájené nezralé mango
- 2-1/2 šálku nakrájené žluté cibule
- 2-1/2 polévkové lžíce strouhaného čerstvého zázvoru
- 1-1/2 polévkové lžíce nasekaný čerstvý česnek
- 4-1/2 hrnku cukru
- 3 šálky bílého destilovaného octa (5%)
- 2-1/2 šálku zlatých rozinek
- 1-1 lžička konzervační soli
- 4 lžičky chilli prášku r

Pokyny:

a) Všechny produkty dobře omyjte. Mango oloupejte, zbavte jádřinců a nakrájejte na 3/4palcové kostky. Nakrájejte kostky manga v kuchyňském robotu pomocí 6 jednosekundových pulzů na dávku kuchyňského robotu. (Nedělejte pyré ani nekrájejte příliš najemno.)

b) Ručně oloupejte a nakrájejte cibuli, nasekejte česnek a nastrouhejte zázvor. Smíchejte cukr a ocet v 8- až 10-

litrové nádobě. Přiveďte k varu a vařte 5 minut. Přidejte všechny ostatní ingredience a přiveďte zpět k varu.

c) Snižte teplotu a za občasného míchání vařte 25 minut. Horké chutney naplňte do horkých půllitrových nebo půllitrových sklenic a ponechejte 1/2-palcový prostor. Odstraňte vzduchové bubliny a v případě potřeby upravte prostor nad hlavou.

d) Okraje sklenic otřete navlhčenou čistou papírovou utěrkou. Upravte víčka a zpracujte.

56. Mango omáčka

Ingredience:

- 5-1/2 šálků nebo 3-1/4 libry. mangové pyré
- 6 lžic medu
- 4 polévkové lžíce lahvové citronové šťávy
- 3/4 šálku cukru
- 2-1/2 čajové lžičky (7500 miligramů) kyseliny askorbové
- 1/8 lžičky mleté skořice
- 1/8 lžičky mletého muškátového oříšku

Pokyny:

a) Omyjte, oloupejte a oddělte dužinu manga od semínek. Dužinu manga nakrájejte na kousky a rozmixujte v mixéru nebo kuchyňském robotu do hladka.

b) Smíchejte všechny ingredience v 6- až 8-litrové holandské troubě nebo hrnci a zahřívejte na středně vysoké teplotě za stálého míchání, dokud směs nedosáhne 200 °F.

c) Směs bude při zahřívání prskat, takže si používejte rukavice nebo rukavice, abyste se nepopálili. Naplňte horkou omáčku do horkých půllitrových sklenic a ponechejte 1/4-palcový prostor.

d) Odstraňte vzduchové bubliny a v případě potřeby upravte prostor nad hlavou. Okraje sklenic otřete navlhčenou čistou papírovou utěrkou. Upravte víčka a zpracujte.

57. Míchaný ovocný koktejl

Ingredience:

- 3 libry broskve
- 3 libry hrušky
- 1-1/2 libry lehce nedozrálé zelené bezsemenné hrozny
- 10 oz sklenice maraschino třešní
- 3 šálky cukru
- 4 šálky vody

Pokyny:

a) Hrozny odstopkujte a omyjte a uchovávejte v roztoku kyseliny askorbové .

b) Zralé, ale pevné broskve ponořte po několika do vroucí vody na 1 až 1-1/2 minuty, aby se uvolnila slupka.

c) Namočte do studené vody a sundejte slupky. Nakrájejte na polovinu, odstraňte pecky, nakrájejte na 1/2-palcové kostky a uchovávejte v roztoku s hrozny. Hrušky oloupeme, rozpůlíme a zbavíme jádřince.

d) Nakrájejte na 1/2-palcové kostky a uchovávejte v roztoku s hrozny a broskvemi.

e) V hrnci smíchejte cukr a vodu a přiveďte k varu. Sceďte rozmixované ovoce. Do každé horké sklenice přidejte 1/2 šálku horkého sirupu.

f) Poté přidejte několik třešní a jemně naplňte sklenici smíchaným ovocem a dalším horkým sirupem, ponechte 1/2-palcový prostor.

g) Odstraňte vzduchové bubliny a v případě potřeby upravte prostor nad hlavou. Okraje sklenic otřete navlhčenou čistou papírovou utěrkou.

h) Upravte víčka a zpracujte.

58. Cuketa-ananas

Ingredience:

- 4 litry nakrájené nebo nakrájené cukety
- 46 oz. konzervovaný neslazený ananasový džus
- 1-1/2 šálku lahvové citronové šťávy
- 3 šálky cukru

Pokyny:

a) Cuketu oloupeme a buď nakrájíme na 1/2-palcové kostky nebo nastrouháme. Ve velkém hrnci smíchejte cuketu s ostatními surovinami a přiveďte k varu. Vařte 20 minut.

b) Naplňte horké sklenice horkým směs a tekutina na vaření, ponechte 1/2-palcový prostor nad hlavou. Odstraňte vzduchové bubliny a v případě potřeby upravte prostor nad hlavou. Okraje sklenic otřete navlhčenou čistou papírovou utěrkou. Upravte víčka a zpracujte.

59. Pikantní brusinková salsa

Ingredience:

- 6 šálků nakrájené červené cibule n
- 4 nakrájené velké papričky Serrano
- 1-1/2 šálku vody
- 1-1/2 šálku jablečného octa (5%)
- 1 polévková lžíce konzervační soli
- 1-1/3 hrnku cukru
- 6 lžic jetelového medu
- 12 šálků (2-3/4 lb.) opláchnutých čerstvých celých brusinek

Pokyny:

a) Smíchejte všechny ingredience kromě brusinek ve velké holandské troubě. Přiveďte k varu na vysoké teplotě; mírně snižte teplotu a mírně vařte 5 minut.

b) Přidejte brusinky, mírně snižte teplotu a směs vařte 20 minut, občas promíchejte, aby se nepřipálily. Naplňte horkou směs do horkých půllitrových sklenic a ponechejte 1/4-palcový prostor. Při plnění sklenic nechte hrnec na mírném ohni.

c) Odstraňte vzduchové bubliny a v případě potřeby upravte prostor nad hlavou. Okraje sklenic otřete navlhčenou čistou papírovou utěrkou. Upravte víčka a zpracujte.

60. Mango salsa

Ingredience:

- 6 šálků na kostičky nakrájeného nezralého manga
- 1-1/2 šálku nakrájené červené papriky
- 1/2 šálku nakrájené žluté cibule
- 1/2 lžičky drcených vloček červené papriky
- 2 lžičky nasekaný česnek
- 2 lžičky nakrájený zázvor
- 1 šálek světle hnědého cukru
- 1-1/4 šálku jablečného octa (5%)
- 1/2 šálku vody

Pokyny:

a) Všechny produkty dobře omyjte. Oloupejte a nakrájejte mango na 1/2-palcové kostky. Nakrájejte papriku na 1/2-palcové kousky. C chmelená žlutá cibule.

b) Smíchejte všechny ingredience v 8litrové holandské troubě nebo hrnci. Přiveďte k varu na vysoké teplotě, míchejte, aby se cukr rozpustil.

c) Snižte k varu a vařte 5 minut. Naplňte horké pevné látky do horkých půllitrových sklenic a ponechejte 1/2-palcový prostor nad hlavou. Zakryjte horkou tekutinou a ponechte 1/2-palcový prostor nad hlavou.

d) Odstraňte vzduchové bubliny a v případě potřeby upravte prostor nad hlavou. Okraje sklenic otřete navlhčenou čistou papírovou utěrkou. Upravte víčka a zpracujte.

61. Broskvová jablková salsa

Ingredience:

- 6 šálků nakrájených romských rajčat
- 2-1/2 šálku nakrájené žluté cibule
- 2 šálky nakrájené zelené papriky
- 10 šálků nakrájených tvrdých, nezralých broskví
- 2 šálky nakrájených jablek Granny Smith
- 4 polévkové lžíce míchaného nakládacího koření
- 1 polévková lžíce konzervační soli
- 2 lžičky drcených vloček červené papriky
- 3-3/4 šálků (1-1/4 libry) zabaleného světle hnědého cukru
- 2-1/4 šálku jablečného octa (5%)

Pokyny:

a) Nakládejte nakládací koření na čistý, dvouvrstvý, 6-palcový čtvercový kus 100% sýrové tkaniny. Rohy spojte a svažte čistým provázkem. (Nebo použijte koupený sáček s mušelínovým kořením).

b) Rajčata omyjte a oloupejte (omytá rajčata vložte na 1 minutu do vroucí vody, ihned vložte do studené vody a stáhněte slupky).

c) Nakrájejte na 1/2-palcové kousky. Oloupejte, omyjte a nakrájejte cibuli na 1/4palcové kousky. Papriky omyjte, zbavte jádřinců a pecek; nakrájíme na 1/4palcové kousky.

d) Smíchejte nakrájená rajčata, cibuli a papriku v 8- nebo 10litrové holandské troubě nebo hrnci. Broskve omyjte, oloupejte a vypeckujte; nakrájejte na poloviny a namočte na 10 minut do roztoku kyseliny askorbové (1500 mg v půl galonu vody).

e) Jablka omyjte, oloupejte a zbavte jádřinců; nakrájíme na poloviny a namočíme na 10 minut do roztoku kyseliny askorbové.

f) Rychle nakrájejte broskve a jablka na 1/2-palcové kostky, abyste zabránili zhnědnutí. Do hrnce se zeleninou přidejte nakrájené broskve a jablka. Přidejte sáček s nakládacím kořením do hrnce; vmíchejte sůl, vločky červené papriky, hnědý cukr a ocet.

g) Přiveďte k varu a jemně promíchejte, aby se přísady promíchaly. Snižte teplotu a za občasného míchání vařte 30 minut. Vyjměte sáček s kořením z pánve a vyhoďte. Pomocí děrované lžíce naplňte pevné salsy do horkých půllitrových sklenic a ponechte 1-1/4-palcový prostor nad hlavou (asi 3/4 libry pevných látek v každé sklenici).

h) Zakryjte tekutinou na vaření a ponechte 1/2-palcový prostor nad hlavou.

i) Odstraňte vzduchové bubliny a v případě potřeby upravte prostor nad hlavou. Okraje sklenic otřete navlhčenou čistou papírovou utěrkou. Upravte víčka a zpracujte.

KVAŠENÁ A NAKLÁDANÁ ZELENINA

62. Koprové okurky

Ingredience:

- 4 libry 4palcové nakládané okurky
- 2 polévkové lžíce semene kopru nebo 4 až 5 hlav čerstvého nebo sušeného kopru
- 1/2 šálku soli
- 1/4 šálku octa (5%
- 8 šálků vody a jedna nebo více z následujících složek:
- 2 stroužky česneku (volitelně)
- 2 sušené červené papriky (volitelně)
- 2 lžičky celého míchaného nakládacího koření

Pokyny:

a) Umyjte okurky. Odřízněte 1/16palcový plátek konce květu a vyhoďte. Nechte připojený 1/4 palce stonku. Umístěte polovinu kopru a koření na dno čisté vhodné nádoby.

b) Přidejte okurky, zbývající kopr a koření. Sůl rozpustíme v octě a vodě a nalijeme na okurky.

c) Přidejte vhodný kryt a závaží. Skladujte při teplotě mezi 70 ° a 75 ° F po dobu asi 3 až 4 týdnů během fermentace.

Teploty 55° až 65°F jsou přijatelné, ale fermentace bude trvat 5 až 6 týdnů.

d) Vyhněte se teplotám nad 80 °F, jinak okurky během fermentace příliš změknou. Fermentované okurky pomalu vytvrzují. Nádobu několikrát týdně zkontrolujte a neprodleně odstraňte povrchové nečistoty nebo plíseň. Upozornění: Pokud okurky změknou, slizké nebo se u nich objeví nepříjemný zápach, vyhoďte je.

e) Plně fermentované kyselé okurky lze skladovat v původní nádobě po dobu asi 4 až 6 měsíců za předpokladu, že jsou chlazené a povrchové nečistoty a plísně jsou pravidelně odstraňovány. Zavařování plně fermentovaných okurek je lepší způsob, jak je uchovávat. Chcete-li je uvařit, nalijte lák do pánve, pomalu zahřívejte k varu a vařte 5 minut. V případě potřeby přefiltrujte solný roztok přes papírové kávové filtry, abyste snížili zákal.

f) Naplňte horkou nádobu okurkami a horkou solankou, ponechte 1/2-palcový prostor.

g) Odstraňte vzduchové bubliny a v případě potřeby upravte prostor nad hlavou. Okraje sklenic otřete navlhčenou čistou papírovou utěrkou.

h) Upravte víčka a zpracujte .

63. kysané zelí

Ingredience:

- 25 liber zelí
- 3/4 šálku konzervační nebo nakládací soli

Pokyny:

a) Pracujte s asi 5 kilogramy zelí najednou. Vnější listy zlikvidujte. Opláchněte hlavy pod studenou tekoucí vodou a slijte. Hlavy nakrájejte na čtvrtiny a odstraňte jádřince. Nakrájejte nebo nakrájejte na čtvrtinovou tloušťku.

b) Zelí vložíme do vhodné kvasné nádoby a přidáme 3 lžíce soli. Důkladně promíchejte čistými rukama. Pevně zabalte, dokud sůl nevytáhne ze zelí šťávu.

c) Opakujte krouhání, solení a balení, dokud není všechno zelí v nádobě. Ujistěte se, že je dostatečně hluboký, aby jeho okraj byl alespoň 4 nebo 5 palců nad zelím. Pokud šťáva nepokryje zelí, přidejte uvařený a vychladlý lák (1-1/2 lžíce soli na litr vody).

d) Přidejte talíř a závaží; přikryjte nádobu čistou osuškou. Během fermentace skladujte při teplotě 70 ° až 75 ° F. Při teplotách mezi 70° a 75°F bude zelí plně fermentováno přibližně za 3 až 4 týdny ; při 60° až 65°F může fermentace trvat 5 až 6 týdnů. Při teplotách nižších než 60 °F nemusí zelí kvasit. Nad 75°F může zelí změknout.

e) Pokud zelí svážíte sáčkem naplněným solným roztokem, nerušte hrnec, dokud není dokončeno normální kvašení (až přestane bublat). Pokud jako závaží používáte sklenice, budete muset zelí dvakrát až třikrát týdně zkontrolovat a pokud se vytvoří špína, odstraňte ji. Plně zkvašené zelí lze několik měsíců uchovávat pevně zakryté v chladničce.

f) Odstraňte vzduchové bubliny a v případě potřeby upravte prostor nad hlavou. Okraje sklenic otřete navlhčenou čistou papírovou utěrkou. Upravte víčka a zpracujte.

64. Okurky s chlebem a máslem

Ingredience:

- 6 liber 4- až 5-palcových nakládaných okurek
- 8 šálků na tenké plátky nakrájené cibule
- 1/2 šálku konzervační nebo nakládací soli
- 4 šálky octa (5%)
- 4-1/2 hrnku cukru
- 2 polévkové lžíce hořčičného semínka
- 1-1/2 polévkové lžíce celerového semínka
- 1 polévková lžíce mleté kurkumy
- 1 šálek nakládací limetky

Pokyny:

a) Umyjte okurky. Odřízněte 1/16 palce konce květu a vyhoďte. Nakrájejte na 3/16palcové plátky. Smíchejte okurky a cibuli ve velké misce. Přidat sůl. Zakryjte 2 palce drceným nebo kostkovým ledem. Dejte na 3 až 4 hodiny do lednice a podle potřeby přidejte další led.

b) Zbývající ingredience smíchejte ve velkém hrnci. Vařte 10 minut. Sceďte a přidejte okurky a cibuli a pomalu přihřívejte k varu. Naplňte horké půllitrové sklenice plátky a sirupem na vaření, ponechte 1/2-palcový prostor nad hlavou. Odstraňte vzduchové bubliny a v případě potřeby upravte prostor nad hlavou. Okraje sklenic otřete navlhčenou čistou papírovou utěrkou.

c) Upravte víčka a zpracujte .

65. Fresh-pack koprové okurky

Ingredience:

- 8 liber 3- až 5-palcových nakládaných okurek
- 2 galony vody __
- 1-1/4 šálku konzervační nebo nakládací soli
- 1-1/2 litru octa (5%)
- 1/4 šálku cukru
- 2 litry vody
- 2 polévkové lžíce celého míchaného nakládacího koření
- asi 3 polévkové lžíce celého hořčičného semínka
- asi 14 hlav čerstvého kopru (1-1/2 hlavičky na půllitrovou sklenici) popř
- 4-1/2 polévkové lžíce koprového semínka (1-1/2 čajové lžičky na půllitrovou sklenici)

Pokyny:

a) Umyjte okurky. Odřízněte 1/16palcový plátek konce květu a vyhoďte, ale nechte připojený 1/4palcový stonek. Rozpusťte 3/4 šálku soli ve 2 galonech vody. Nalijte na okurky a nechte 12 hodin stát. Vypusťte.

b) Smíchejte ocet, 1/2 šálku soli, cukr a 2 litry vody. Přidejte smíchané nakládací koření zavázané v čisté bílé utěrce. Zahřejte k varu. Horké sklenice naplňte okurkami.

c) Přidejte 1 lžičku hořčičného semene a 1-1/2 hlavy čerstvého kopru na půllitr. Zakryjte vroucím mořícím roztokem, ponechte 1/2-palcový prostor nad hlavou. Odstraňte vzduchové bubliny a v případě potřeby upravte prostor nad hlavou. Okraje sklenic otřete navlhčenou čistou papírovou utěrkou.

d) Upravte víčka a zpracujte .

66. Sladké okurky

Ingredience:

- 7 liber okurky (1-1/2 palce nebo méně)
- 1/2 šálku konzervační nebo nakládací soli
- 8 šálků cukru
- 6 šálků octa (5%)
- 3/4 lžičky kurkumy
- 2 lžičky celerových semínek
- 2 lžičky celého míchaného nakládacího koření
- 2 tyčinky skořice
- 1/2 lžičky fenyklu (volitelně)
- 2 lžičky vanilky (volitelně)

Pokyny:

a) Umyjte okurky. Odřízněte 1/16palcový plátek konce květu a vyhoďte, ale nechte připojený 1/4palcový stonek.

b) Vložte okurky do velké nádoby a zalijte vroucí vodou. O šest až osm hodin později a znovu druhý den sceďte a zalijte 6 litry čerstvé vroucí vody obsahující 1/4 šálku soli. Třetí den okurky sceďte a napíchejte vidličkou.

c) Smíchejte a přiveďte k varu 3 šálky octa, 3 šálky cukru, kurkumu a koření. Nalijte na okurky. O šest až 8 hodin později sceďte a uložte nakládací sirup. Přidejte další 2 šálky cukru a octa a znovu zahřejte k varu. Nalijte na okurky.

d) Čtvrtý den sirup sceďte a uschovejte. Přidejte další 2 šálky cukru a 1 šálek octa. Zahřejte k varu a nalijte na okurky. Sceďte a uschovejte nakládací sirup 6 až 8 hodin později. Přidejte 1 šálek cukru a 2 lžičky vanilky a zahřejte k varu.

e) Naplňte horké sterilní půllitrové sklenice okurkami a zalijte horkým sirupem, ponechte 1/2-palcový prostor.

f) Odstraňte vzduchové bubliny a v případě potřeby upravte prostor nad hlavou. Okraje sklenic otřete navlhčenou čistou papírovou utěrkou.

g) Upravte víčka a zpracujte.

67. 14denní sladké okurky

Ingredience:

- 4 libry 2- až 5-palcových nakládaných okurek
- 3/4 šálku konzervační nebo nakládací soli
- 2 lžičky celerového semínka
- 2 polévkové lžíce míchaného nakládacího koření
- 5-1/2 šálků cukru
- 4 šálky octa (5%)

Pokyny:

a) Umyjte okurky. Odřízněte 1/16palcový plátek konce květu a vyhoďte, ale nechte připojený 1/4palcový stonek. Vložte celé okurky do vhodné nádoby o objemu 1 galon .

b) Přidejte 1/4 šálku konzervační nebo nakládací soli do 2 litrů vody a přiveďte k varu. Nalijte na okurky. Přidejte vhodný kryt a závaží.

c) Umístěte čistý ručník na nádobu a udržujte teplotu asi 70 °F. Třetí a pátý den slijte slanou vodu a vyhoďte. Opláchněte okurky a vraťte je do nádoby. Přidejte 1/4 šálku soli do 2 litrů čerstvé vody a vařte. Nalijte na okurky.

d) Nasaďte kryt a závaží a znovu přikryjte čistým ručníkem. Sedmý den slijte slanou vodu a vyhoďte. Opláchněte okurky, zakryjte a zavažte.

68. Rychlé sladké okurky

Ingredience:

- 8 liber 3- až 4-palcové nakládané okurky
- 1/3 šálku konzervační nebo nakládací soli
- 4-1/2 hrnku cukru
- 3-1/2 šálku octa (5%)
- 2 lžičky celerového semínka
- 1 polévková lžíce celého nového koření
- 2 polévkové lžíce hořčičného semínka
- 1 šálek nakládací limetky (volitelně)

Pokyny:

a) Umyjte okurky. Odřízněte 1/16 palce konce květu a vyhoďte, ale nechte 1/4 palce stonku připojený. Podle potřeby nakrájejte nebo nakrájejte na proužky. Vložte do misky a posypte 1/3 šálku soli. Zakryjte 2 palce drceného nebo kostkového ledu.

b) Dejte na 3 až 4 hodiny do lednice. Podle potřeby přidejte více ledu. Dobře sceďte.

c) Smíchejte cukr, ocet, celerová semínka, nové koření a hořčičné semínko v 6litrové konvici. Zahřejte k varu.

d) Hot pack — Přidejte okurky a pomalu zahřívejte, dokud se octový roztok nevrátí k varu. Občas promíchejte, aby se směs rovnoměrně prohřívala. Naplňte sterilní sklenice a ponechte 1/2-palcový prostor nad hlavou.

e) Raw pack – Naplňte horké sklenice a ponechejte 1/2-palcový prostor nad hlavou. Přidejte horký nakládací sirup a ponechejte 1/2-palcový prostor nad hlavou.

f) Odstraňte vzduchové bubliny a v případě potřeby upravte prostor nad hlavou. Okraje sklenic otřete navlhčenou čistou papírovou utěrkou.

g) Upravte víčka a zpracujte .

69. Nakládaný chřest

Ingredience:

- 10 liber chřest
- 6 velkých stroužků česneku
- 4-1/2 šálku vody
- 4-1/2 šálků bílého destilovaného octa (5%)
- 6 malých feferonek (volitelně)
- 1/2 šálku konzervační soli
- 3 lžičky koprového semínka

Pokyny:

a) Chřest dobře, ale jemně omyjte pod tekoucí vodou. Odřízněte stonky zespodu, aby zůstaly oštěpy s hroty, které je vložte do zavařovací sklenice, přičemž ponechejte o něco více než 1/2 palce. Oloupejte a omyjte stroužky česneku.

b) Na dno každé sklenice vložte stroužek česneku a chřest pevně zabalte do horkých sklenic tupými konci dolů. V 8-litrovém hrnci smíchejte vodu, ocet, feferonky (volitelně), sůl a semínko kopru.

c) Přivést k varu. Umístěte jednu feferonku (pokud je použita) do každé sklenice na špičky chřestu. Nalijte vroucí mořící solanku na oštěpy, ponechte 1/2-palcový prostor nad hlavou.

d) Odstraňte vzduchové bubliny a v případě potřeby upravte prostor nad hlavou. Okraje sklenic otřete navlhčenou čistou papírovou utěrkou.

e) Upravte víčka a zpracujte.

70. Nakládané koprové fazole

Ingredience:

- 4 libry čerstvé jemné zelené nebo žluté fazole
- 8 až 16 hlav čerstvého kopru
- 8 stroužků česneku (volitelně)
- 1/2 šálku konzervační nebo nakládací soli
- 4 šálky bílého octa (5%)
- 4 šálky vody
- 1 čajová lžička jezírka horké červené papriky (volitelně)

Pokyny:

a) Omyjte a ořízněte konce fazolí a nakrájejte na 4 palce. Do každé horké sterilní půllitrové sklenice vložte 1 až 2 hlavičky kopru a podle potřeby 1 stroužek česneku. Umístěte celá fazole svisle do sklenic a ponechte 1/2-palcový prostor nad hlavou.

b) Je-li to nutné, ořízněte fazole, abyste to zajistili správně. Smíchejte sůl, ocet, vodu a pepřové jezírka (pokud chcete). Přivést k varu. Přidejte horký roztok k fazolím a ponechejte 1/2-palcový prostor nad hlavou.

c) Odstraňte vzduchové bubliny a v případě potřeby upravte prostor nad hlavou. Okraje sklenic otřete navlhčenou čistou papírovou utěrkou.

d) Upravte víčka a zpracujte.

71. Nakládaný třífazolový salát

Ingredience:

- 1-1/2 šálku blanšírovaných zelených / žlutých fazolí
- 1-1/2 šálku konzervovaných, okapaných, červených fazolí
- 1 šálek konzervovaných, okapaných fazolí garbanzo
- 1/2 šálku oloupané a na tenké plátky nakrájené cibule
- 1/2 šálku nakrájeného a na tenké plátky nakrájeného celeru
- 1/2 šálku nakrájené zelené papriky
- 1/2 šálku bílého octa (5%)
- 1/4 šálku lahvové citronové šťávy
- 3/4 šálku cukru
- 1/4 šálku oleje
- 1/2 lžičky konzervační nebo nakládací soli
- 1-1/4 šálku vody

Pokyny:

a) Omyjte a ulomte konce čerstvých fazolí. Nakrájejte nebo zaklapněte na kousky o velikosti 1 až 2 palce.

b) Blanšírujte 3 minuty a ihned ochlaďte. Fazole propláchněte vodou z vodovodu a znovu sceďte. Připravte a odměřte veškerou ostatní zeleninu.

c) Smíchejte ocet, citronovou šťávu, cukr a vodu a přiveďte k varu. Odstraňte z tepla.

d) Přidejte olej a sůl a dobře promíchejte. Do roztoku přidejte fazole, cibuli, celer a zelený pepř a přiveďte k varu.

e) Marinujte 12 až 14 hodin v lednici, poté celou směs zahřejte k varu. Horké sklenice naplňte pevnými látkami. Přidejte horkou tekutinu a ponechte 1/2-palcový prostor nad hlavou.

f) Odstraňte vzduchové bubliny a v případě potřeby upravte prostor nad hlavou. Okraje sklenic otřete navlhčenou čistou papírovou utěrkou.

g) Upravte víčka a zpracujte.

72. Nakládaná řepa

Ingredience:

- 7 liber řepy o průměru 2 až 2-1/2 palce
- 4 šálky octa (5%)
- 1-1/2 lžičky konzervační nebo nakládací soli
- 2 hrnky cukru
- 2 šálky vody
- 2 tyčinky skořice
- 12 celých hřebíčků
- 4 až 6 cibulí (průměr 2 až 2 až 1/2 palce),

Pokyny:

a) Ořízněte vrcholy řepy, ponechte 1 palec stonku a kořenů, abyste zabránili vyblednutí barvy.

b) Důkladně omyjte. Seřadit podle velikosti. Podobné velikosti zalijte vroucí vodou a vařte do měkka (asi 25 až 30 minut). Upozornění: Vypusťte a zlikvidujte kapalinu. Chladná řepa. Oříznutí kořenů a stonků a seříznutí slupek. Nakrájejte na 1/4-palcové plátky. Cibuli oloupeme a nakrájíme na tenké plátky.

c) Smíchejte ocet, sůl, cukr a čerstvou vodu. Koření vložte do plátěného sáčku a přidejte do octové směsi. Přivést k varu. Přidejte řepu a cibuli. Vařte 5 minut. Vyjměte sáček s kořením.

d) Naplňte horké sklenice červenou řepou a cibulí, ponechte 1/2-palcový prostor. Přidejte horký roztok octa, ponechte 1/2-palcový prostor nad hlavou.

e) Odstraňte vzduchové bubliny a v případě potřeby upravte prostor nad hlavou. Okraje sklenic otřete navlhčenou čistou papírovou utěrkou.

f) Upravte víčka a zpracujte.

73. Nakládaná mrkev

Ingredience:

- 2-3/4 libry. oloupaná mrkev
- 5-1/2 šálků bílého octa (5%)
- 1 šálek vody
- 2 hrnky cukru
- 2 lžičky konzervační soli
- 8 lžiček hořčičného semínka
- 4 lžičky celerového semínka

Pokyny:

a) Mrkev omyjeme a oloupeme. Nakrájejte na kolečka o tloušťce přibližně 1/2 palce.

b) Smíchejte ocet, vodu, cukr a konzervovanou sůl v 8litrové holandské troubě nebo hrnci. Přiveďte k varu a vařte 3 minuty. Přidejte mrkev a přiveďte zpět k varu. Poté snižte teplotu na mírný plamen a zahřívejte do poloviny (asi 10 minut).

c) Mezitím dejte 2 lžičky hořčičného semínka a 1 čajovou lžičku celerového semínka do každé prázdné horké půllitrové sklenice. Naplňte sklenice horkou mrkví a ponechejte 1-

palcový prostor nad hlavou. Naplňte horkou mořicí kapalinou a ponechte 1/2-palcový prostor nad hlavou.

d) Odstraňte vzduchové bubliny a v případě potřeby upravte prostor nad hlavou. Okraje sklenic otřete navlhčenou čistou papírovou utěrkou.

e) Upravte víčka a zpracujte.

74. Nakládaný květák / Brusel

Ingredience:

- 12 šálků 1- až 2-palcového květáku nebo malé růžičkové kapusty
- 4 šálky bílého octa (5%)
- 2 hrnky cukru
- 2 šálky na tenké plátky nakrájené cibule
- 1 šálek nakrájené sladké červené papriky
- 2 polévkové lžíce hořčičného semínka
- 1 polévková lžíce celerového semínka
- 1 lžička kurkuma
- 1 čajová lžička jezírek pálivého červeného pepře

Pokyny:

a) Omyjte květák nebo růžičkovou kapustu (odstraňte stonky a poškozené vnější listy) a vařte ve slané vodě (4 lžičky konzervační soli na galon vody) 3 minuty u květáku a 4 minuty u růžičkové kapusty. Sceďte a vychlaďte.

b) Smíchejte ocet, cukr, cibuli, nakrájenou červenou papriku a koření ve velkém hrnci. Přiveďte k varu a vařte 5 minut. Do sklenic rozdělte cibuli a nakrájenou papriku. Naplňte horké sklenice kousky a nakládacím roztokem, ponechte 1/2-palcový prostor nad hlavou.

c) Odstraňte vzduchové bubliny a v případě potřeby upravte prostor nad hlavou. Okraje sklenic otřete navlhčenou čistou papírovou utěrkou.

d) Upravte víčka a zpracujte.

75. Čajot a jicama salát

Ingredience:

- 4 šálky julienned jicama
- 4 šálky julienned chayote
- 2 šálky nakrájené červené papriky
- 2 nakrájené feferonky
- 2-1/2 šálku vody
- 2-1/2 šálků jablečného octa (5%)
- 1/2 hrnku bílého cukru
- 3-1/2 lžičky konzervační soli
- 1 lžička celerového semínka (volitelně)

Pokyny:

a) Upozornění: Při manipulaci nebo krájení feferonek používejte plastové nebo gumové rukavice a nedotýkejte se obličeje. Pokud nenosíte rukavice, před dotykem obličeje nebo očí si důkladně umyjte ruce mýdlem a vodou.

b) Julienne jicama a chayote omyjte, oloupejte a najemno, semena chayote vyhoďte. V 8litrové holandské troubě nebo hrnci smíchejte všechny ingredience kromě chayote. Přiveďte k varu a vařte 5 minut.

c) Snižte teplotu k varu a přidejte chayote. Přiveďte zpět k varu a poté vypněte teplo. Naplňte horké pevné látky do horkých půllitrových sklenic a ponechejte 1/2 palce headspace.

d) Zakryjte vroucí tekutinou na vaření a ponechejte 1/2-palcový prostor.

e) Odstraňte vzduchové bubliny a v případě potřeby upravte prostor nad hlavou. Okraje sklenic otřete navlhčenou čistou papírovou utěrkou.

f) Upravte víčka a zpracujte.

76. Nakládaná jicama s chlebem a máslem

Ingredience:

- 14 šálků nakrájené jicamy
- 3 šálky na tenké plátky nakrájené cibule
- 1 šálek nakrájené červené papriky
- 4 šálky bílého octa (5%)
- 4-1/2 hrnku cukru
- 2 polévkové lžíce hořčičného semínka
- 1 polévková lžíce celerového semínka
- 1 lžička mleté kurkumy

Pokyny:

a) Smíchejte ocet, cukr a koření ve 12litrové holandské troubě nebo velkém hrnci. Promícháme a přivedeme k varu. Vmíchejte připravenou jicamu, plátky cibule a červenou papriku. Vraťte k varu, snižte teplotu a vařte 5 minut. Občas promíchejte.

b) Naplňte horké pevné látky do horkých půllitrových sklenic a ponechejte 1/2-palcový prostor nad hlavou. Zakryjte vroucí tekutinou na vaření a ponechejte 1/2-palcový prostor.

c) Odstraňte vzduchové bubliny a v případě potřeby upravte prostor nad hlavou. Okraje sklenic otřete navlhčenou čistou papírovou utěrkou.

d) Upravte víčka a zpracujte.

77. Marinované celé houby

Ingredience:

- 7 liber malé celé houby
- 1/2 šálku lahvové citronové šťávy
- 2 šálky olivového nebo salátového oleje
- 2-1/2 šálku bílého octa (5%)
- 1 polévková lžíce listů oregana
- 1 polévková lžíce sušených lístků bazalky
- 1 polévková lžíce konzervační nebo nakládací soli
- 1/2 šálku nakrájené cibule
- 1/4 šálku pimiento nakrájeného na kostičky
- 2 stroužky česneku, nakrájené na čtvrtiny
- 25 kuliček černého pepře

Pokyny:

a) Vyberte velmi čerstvé neotevřené houby s klobouky o průměru menším než 1-1/4 palce. Umyjte. Odřízněte stonky a nechte 1/4 palce připojené k uzávěru. Přidejte citronovou šťávu a vodu na zakrytí. Přiveďte k varu. Vařte 5 minut. Slijte houby.

b) V hrnci smíchejte olivový olej, ocet, oregano, bazalku a sůl. Vmíchejte cibuli a pimiento a zahřejte k varu.

c) Položte 1/4 stroužku česneku a 2-3 kuličky pepře v půllitrové nádobě. Naplňte horké sklenice houbami a horkým, dobře promíchaným roztokem oleje a octa, ponechte 1/2-palcový prostor.

d) Odstraňte vzduchové bubliny a v případě potřeby upravte prostor nad hlavou. Okraje sklenic otřete navlhčenou čistou papírovou utěrkou.

e) Upravte víčka a zpracujte.

78. Nakládaná okra

Ingredience:

- 7 liber malé okra lusky
- 6 malých feferonek
- 4 lžičky koprového semene
- 8 až 9 stroužků česneku
- 2/3 šálku konzervační nebo nakládací soli
- 6 šálků vody
- 6 šálků octa (5%)

Pokyny:

a) Umyjte a ořízněte okra. Horké sklenice pevně naplňte celou okrou, ponechte 1/2-palcový prostor nad hlavou. Do každé sklenice vložte 1 stroužek česneku.

b) Smíchejte sůl, feferonky, semínko kopru, vodu a ocet ve velkém hrnci a přiveďte k varu. Nalijte horký mořící roztok na okra, ponechte 1/2-palcový prostor.

c) Odstraňte vzduchové bubliny a v případě potřeby upravte prostor nad hlavou. Okraje sklenic otřete navlhčenou čistou papírovou utěrkou.

d) Upravte víčka a zpracujte.

79. Nakládaná perlová cibule

Ingredience:

- 8 šálků oloupané bílé perlové cibule
- 5-1/2 šálků bílého octa (5%)
- 1 šálek vody
- 2 lžičky konzervační soli
- 2 hrnky cukru
- 8 lžiček hořčičného semínka
- 4 lžičky celerového semínka

Pokyny:

a) Chcete-li cibuli oloupat, vložte několik kusů najednou do drátěného koše nebo cedníku, ponořte do vroucí vody na 30 sekund, poté vyjměte a vložte na 30 sekund do studené vody. Odřízněte 1/16-palcový plátek z kořenového konce a poté odstraňte slupku a odřízněte 1/16-inch z druhého konce cibule.

b) Smíchejte ocet, vodu, sůl a cukr v 8litrové holandské troubě nebo hrnci. Přiveďte k varu a vařte 3 minuty.

c) Přidejte oloupanou cibuli a přiveďte zpět k varu. Snižte teplotu na mírný plamen a zahřívejte do poloviny (asi 5 minut).

d) Mezitím dejte 2 lžičky hořčičného semínka a 1 lžičku celerového semínka do každé prázdné horké půllitrové sklenice. Naplňte horkou cibulí, ponechte 1-palcový prostor pro hlavu. Naplňte horkou mořicí kapalinou a ponechte 1/2-palcový prostor nad hlavou.

e) Odstraňte vzduchové bubliny a v případě potřeby upravte prostor nad hlavou. Okraje sklenic otřete navlhčenou čistou papírovou utěrkou.

f) Upravte víčka a zpracujte.

80. Marinované papriky

Ingredience:

- Zvonek, maďarština, banán nebo jalapeňo
- 4 libry pevné papriky
- 1 šálek lahvové citronové šťávy
- 2 šálky bílého octa (5%)
- 1 polévková lžíce listů oregana
- 1 šálek olivového nebo salátového oleje
- 1/2 šálku nakrájené cibule
- 2 stroužky česneku, nakrájené na čtvrtky (volitelně)
- 2 polévkové lžíce připraveného křenu (volitelně)

Pokyny:

a) Vyberte si svou oblíbenou papriku. Upozornění: Pokud vybíráte feferonky, používejte plastové nebo gumové rukavice a při manipulaci nebo krájení feferonek se nedotýkejte obličeje.

b) Omyjte, nakrájejte dvě až čtyři zářezy v každé paprice a blanšírujte ve vroucí vodě nebo puchýřové slupky na feferonkách s pevnou slupkou pomocí jedné z těchto dvou metod:

c) Metoda puchýřů slupek v troubě nebo brojlerech – Papriky umístěte do horké trouby (400 °F) nebo pod brojler na 6 až 8 minut, dokud slupky nevybuchnou.

d) Špičkový způsob tvorby puchýřů – zakryjte horký hořák (buď plynový nebo elektrický) silným drátěným pletivem.

e) Papriky umístěte na hořák na několik minut, dokud slupky nevydělají.

f) Po vytvoření puchýřů dejte papriky do pánve a přikryjte vlhkou utěrkou. (To usnadní loupání paprik.) Několik minut chlaďte; kůra slupek. Celé papriky zploštíme.

g) Všechny zbývající ingredience smíchejte v hrnci a zahřejte k varu. Do každé horké půllitrové sklenice vložte 1/4 stroužku česneku (volitelně) a 1/4 lžičky soli nebo 1/2 lžičky na půllitr. Naplňte horké sklenice paprikou. Přidejte horký, dobře promíchaný olej/nakládací roztok na papriky, ponechte 1/2-palcový prostor.

h) Odstraňte vzduchové bubliny a v případě potřeby upravte prostor nad hlavou. Okraje sklenic otřete navlhčenou čistou papírovou utěrkou.

i) Upravte víčka a zpracujte.

81. Nakládané papriky

Ingredience:

- 7 liber pevné papriky _
- 3-1/2 hrnku cukru
- 3 šálky octa (5%)
- 3 šálky vody
- 9 stroužků česneku
- 4-1/2 lžičky konzervační nebo nakládací soli

Pokyny:

a) Papriky omyjte, nakrájejte na čtvrtiny, zbavte jádřinců a semínek a zbavte všech skvrn. Papriky nakrájejte na proužky. Cukr, ocet a vodu vařte 1 minutu.

b) Přidejte papriky a přiveďte k varu. Do každé horké sterilní půllitrové sklenice vložte 1/2 stroužku česneku a 1/4 lžičky soli; dvojnásobné množství za půllitrové sklenice.

c) Přidejte proužky pepře a zakryjte horkou octovou směsí, ponechte 1/2 palce

82. Nakládané feferonky

Ingredience:

- Maďarština, banán, chile , jalapeño
- 4 libry pálivé dlouhé červené, zelené nebo žluté papriky
- 3 libry sladká červená a zelená paprika, smíchaná
- 5 šálků octa (5%)
- 1 šálek vody
- 4 lžičky konzervační nebo nakládací soli
- 2 polévkové lžíce cukru
- 2 stroužky česneku

Pokyny:

a) Upozornění: Při manipulaci nebo krájení feferonek používejte plastové nebo gumové rukavice a nedotýkejte se obličeje. Pokud nenosíte rukavice, před dotykem obličeje nebo očí si důkladně umyjte ruce mýdlem a vodou.

b) Papriky omyjte. Pokud jsou malé papriky ponechány celé, naříznětě do každé 2 až 4 zářezy. Čtvrté velké papriky.

c) Blanšírujte ve vroucí vodě nebo puchýřové slupky na feferonkách s pevnou slupkou pomocí jedné z těchto dvou metod:

d) Metoda puchýřů slupek v troubě nebo brojlerech – Papriky umístěte do horké trouby (400 °F) nebo pod brojler na 6 až 8 minut, dokud slupky nevybuchnou.

e) Špičkový způsob tvorby puchýřů – zakryjte horký hořák (buď plynový nebo elektrický) silným drátěným pletivem.

f) Papriky umístěte na hořák na několik minut, dokud slupky nevydělají.

g) Po vytvoření puchýřů dejte papriky do pánve a přikryjte vlhkou utěrkou. (To usnadní loupání paprik.) Několik minut chlaďte; kůra slupek. Malé papriky zploštíme. Čtvrté velké papriky. Naplňte horké sklenice paprikou a ponechte 1/2-palcový prostor nad hlavou.

h) Smíchejte a zahřejte ostatní ingredience k varu a vařte 10 minut. Odstraňte česnek. Přidejte horký nakládací roztok na papriky, ponechte 1/2-palcový prostor.

i) Odstraňte vzduchové bubliny a v případě potřeby upravte prostor nad hlavou. Okraje sklenic otřete navlhčenou čistou papírovou utěrkou.

j) Upravte víčka a zpracujte.

83. Nakládané kroužky papričky jalapeño

Ingredience:

- 3 libry papričky jalapeňo
- 1-1/2 šálku nakládací limetky
- 1-1/2 galonu vody
- 7-1/2 šálků jablečného octa (5%)
- 1-3/4 šálku vody
- 2-1/2 polévkové lžíce konzervační soli
- 3 polévkové lžíce celerového semínka
- 6 lžic hořčičného semínka

Pokyny:

a) Upozornění: Při manipulaci nebo krájení feferonek používejte plastové nebo gumové rukavice a nedotýkejte se obličeje.

b) Papriky dobře omyjte a nakrájejte na 1/4 palce silné plátky. Zlikvidujte konec stonku.

c) Smíchejte 1-1/2 šálku nakládacího vápna s 1-1/2 galony vody v nádobě z nerezové oceli, skla nebo potravinářského plastu. Při míchání roztoku vápenné vody se vyvarujte vdechování vápenného prachu.

d) Plátky papriky namočte do limetkové vody v lednici na 18 hodin za občasného míchání (lze použít 12 až 24 hodin). Vypusťte vápenný roztok z namočených kroužků papriky.

e) Papriky jemně, ale důkladně opláchněte vodou. Paprikové kroužky zalijte čerstvou studenou vodou a namočte do lednice na 1 hodinu. Slijte vodu z paprik. Opakujte kroky proplachování, namáčení a vypouštění ještě dvakrát. Na závěr důkladně sceďte.

f) Na dno každé horké půllitrové sklenice vložte 1 polévkovou lžíci hořčičného semínka a 1-1/2 lžičky celerového semínka. Zabalte scezené pepřové kroužky do sklenic a ponechte 1/2-palcový prostor nad hlavou. Přiveďte jablečný ocet, 1-3/4 šálku vody a konzervovanou sůl k varu na vysoké teplotě. Nalijte vroucí roztok solanky na kroužky pepře ve sklenicích, ponechte 1/2-palcový prostor nad hlavou.

g) Odstraňte vzduchové bubliny a v případě potřeby upravte prostor nad hlavou. Okraje sklenic otřete navlhčenou čistou papírovou utěrkou.

h) Upravte víčka a zpracujte.

84. Kroužky nakládané žluté papriky

Ingredience:

- 2-1/2 až 3 libry. žluté (banánové) papriky
- 2 polévkové lžíce celerového semínka
- 4 polévkové lžíce hořčičného semínka
- 5 šálků jablečného octa (5%)
- 1-1/4 šálku vody
- 5 lžiček konzervační soli

Pokyny:

a) Papriky dobře omyjte a odstraňte konec stonku; nakrájejte papriky na 1/4 palce tlusté kroužky. Na dno každé prázdné horké půllitrové sklenice vložte 1/2 lžíce celerového semínka a 1 lžíci hořčičného semínka.

b) Naplňte pepřové kroužky do sklenic a ponechejte 1/2-palcový prostor nad hlavou. Ve 4litrové holandské troubě nebo hrnci smíchejte jablečný ocet, vodu a sůl; zahřát k varu. Zakryjte kroužky pepře vroucí nakládací kapalinou a ponechte 1/2-palcový prostor.

c) Odstraňte vzduchové bubliny a v případě potřeby upravte prostor nad hlavou. Okraje sklenic otřete navlhčenou čistou papírovou utěrkou.

d) Upravte víčka a zpracujte.

85. Nakládaná sladká zelená rajčata

Ingredience:

- 10 až 11 liber. zelených rajčat
- 2 šálky nakrájené cibule
- 1/4 šálku konzervační nebo nakládací soli
- 3 šálky hnědého cukru
- 4 šálky octa (5%)
- 1 polévková lžíce hořčičného semínka
- 1 polévková lžíce nového koření
- 1 polévková lžíce celerového semínka
- 1 polévková lžíce celého hřebíčku

Pokyny:

a) Omyjte a nakrájejte rajčata a cibuli. Vložte do mísy, posypte 1/4 šálku soli a nechte stát 4 až 6 hodin. Vypusťte. Zahřívejte a míchejte cukr v octě, dokud se nerozpustí.

b) Svažte hořčičné semínko, nové koření, celerové semínko a hřebíček do sáčku s kořením. Přidejte do octa s rajčaty a cibulí. V případě potřeby přidejte minimum vody, aby se kousky zakryly. Přiveďte k varu a vařte 30 minut a podle potřeby míchejte, aby nedošlo k připálení. Rajčata by měla být křehká a průhledná, když jsou správně uvařená.

c) Vyjměte sáček s kořením. Naplňte horkou nádobu pevnými látkami a zakryjte horkým mořicím roztokem, ponechte 1/2-palcový prostor nad hlavou.

d) Odstraňte vzduchové bubliny a v případě potřeby upravte prostor nad hlavou. Okraje sklenic otřete navlhčenou čistou papírovou utěrkou.

e) Upravte víčka a zpracujte.

86. Nakládaná míchaná zelenina

Ingredience:

- 4 libry 4- až 5-palcových nakládaných okurek
- 2 libry oloupané a na čtvrtky nakrájené malé cibule
- 4 šálky nakrájeného celeru (1-palcové kousky)
- 2 šálky oloupané a nakrájené mrkve (1/2-palcové kousky)
- 2 šálky nakrájené sladké červené papriky (1/2-palcové kousky)
- 2 šálky květáku f dolní
- 5 šálků bílého octa (5%)
- 1/4 šálku připravené hořčice
- 1/2 šálku konzervační nebo nakládací soli
- 3-1/2 hrnku cukru
- 3 polévkové lžíce celerového semínka
- 2 polévkové lžíce hořčičného semínka
- 1/2 lžičky celého hřebíčku
- 1/2 lžičky mleté kurkumy

Pokyny:

a) Smíchejte zeleninu, zakryjte 2 palce kostkami nebo drceným ledem a dejte na 3 až 4 hodiny do chladničky.

b) V 8-litrové konvici smíchejte ocet a hořčici a dobře promíchejte.

c) Přidejte sůl, cukr, celerové semínko, hořčičné semínko, hřebíček, kurkumu. Přivést k varu. Zeleninu sceďte a přidejte do horkého nakládacího roztoku.

d) Přikryjeme a pomalu přivedeme k varu. Zeleninu sceďte, ale nechte si nakládací roztok. Zeleninu naplňte do horkých sterilních půllitrových sklenic nebo horkých čtvrtlitrů, ponechte 1/2-palcový prostor. Přidejte mořicí roztok, ponechte 1/2-palcový prostor nad hlavou.

e) Odstraňte vzduchové bubliny a v případě potřeby upravte prostor nad hlavou. Okraje sklenic otřete navlhčenou čistou papírovou utěrkou.

f) Upravte víčka a zpracujte.

87. Nakládaná cuketa s máslem

Ingredience:

- 16 šálků čerstvé cukety, nakrájené na plátky
- 4 šálky cibule, nakrájené na tenké plátky
- 1/2 šálku konzervační nebo nakládací soli
- 4 šálky bílého octa (5%)
- 2 hrnky cukru
- 4 polévkové lžíce hořčičného semínka
- 2 polévkové lžíce celerového semínka
- 2 lžičky mleté kurkumy

Pokyny:

a) Plátky cukety a cibule zalijte 1 palcem vody a solí. Necháme 2 hodiny odstát a důkladně scedíme. Smíchejte ocet, cukr a koření. Přiveďte k varu a přidejte cuketu a cibuli. Vařte 5 minut a zavařte horké sklenice se směsí a nakládacím roztokem, ponechte 1/2-palcový prostor.

b) Odstraňte vzduchové bubliny a v případě potřeby upravte prostor nad hlavou. Okraje sklenic otřete navlhčenou čistou papírovou utěrkou.

c) Upravte víčka a zpracujte .

88. Chuť na chayote a hrušku

Ingredience:

- 3-1/2 šálku oloupaného chayote nakrájeného na kostky
- 3-1/2 šálku oloupaných, na kostky nakrájených hrušek Seckel
- 2 šálky nakrájené červené papriky
- 2 šálky nasekané žluté papriky
- 3 šálky nakrájené cibule
- 2 papriky Serrano, nakrájené
- 2-1/2 šálků jablečného octa (5%)
- 1-1/2 šálku vody
- 1 hrnek bílého cukru
- 2 lžičky konzervační soli
- 1 lžička mletého nového koření
- 1 lžička mletého koření na dýňový koláč

Pokyny:

a) Čajote a hrušky omyjeme, oloupeme a nakrájíme 1/2-palcové kostky, vyřazení jader a semínek. Nakrájejte cibuli a papriku. Smíchejte ocet, vodu, cukr, sůl a koření v holandské troubě nebo velkém hrnci. Přiveďte k varu a míchejte, aby se cukr rozpustil.

b) Přidejte nakrájenou cibuli a papriku; vrať te k varu a za občasného míchání vařte 2 minuty.

c) Přidejte chayote nakrájený na kostky a hrušky; vrátíme k bodu varu a vypneme ohřev. Naplňte horké pevné látky do horkých půllitrových sklenic a ponechejte 1-palcový prostor nad hlavou. Zakryjte vroucí tekutinou na vaření a ponechejte 1/2-palcový prostor nad hlavou.

d) Odstraňte vzduchové bubliny a v případě potřeby upravte prostor nad hlavou. Okraje sklenic otřete navlhčenou čistou papírovou utěrkou.

e) Upravte víčka a zpracujte.

89. Piccalilli

Ingredience:

- 6 šálků nakrájených zelených rajčat
- 1-1/2 šálku nakrájené sladké červené papriky
- 1-1/2 šálku nakrájené zelené papriky
- 2-1/4 šálku nakrájené cibule
- 7-1/2 šálků nakrájeného zelí
- 1/2 šálku konzervační nebo nakládací soli
- 3 polévkové lžíce celého míchaného nakládacího koření
- 4-1/2 šálků octa (5%)
- 3 šálky hnědého cukru

Pokyny:

a) Zeleninu omyjte, nakrájejte a smíchejte s 1/2 šálku soli. Zalijeme horkou vodou a necháme 12 hodin odstát. Sceďte a zatlačte do čisté bílé látky, abyste odstranili veškerou možnou tekutinu. Koření volně zavažte do sáčku s kořením a přidejte do kombinovaného octa a hnědého cukru a v rendlíku zahřejte k varu.

b) Přidejte zeleninu a vařte zvolna 30 minut nebo dokud se objem směsi nezmenší na polovinu. Vyjměte sáček s kořením.

c) Naplňte horké sterilní sklenice horkou směsí a ponechejte 1/2-palcový prostor nad hlavou.

d) Odstraňte vzduchové bubliny a v případě potřeby upravte prostor nad hlavou. Okraje sklenic otřete navlhčenou čistou papírovou utěrkou.

e) Upravte víčka a zpracujte.

90. Okurková pochutina

Ingredience:

- 3 litry nakrájených okurek
- 3 šálky nakrájené sladké zelené a červené papriky
- 1 šálek nakrájené cibule
- 3/4 šálku konzervační nebo nakládací soli
- 4 šálky ledu
- 8 šálků vody
- 2 hrnky cukru
- 4 čajové lžičky hořčičného semínka, kurkumy, celého nového koření a celého hřebíčku
- 6 šálků bílého octa (5%)

Pokyny:

a) Do vody přidejte okurky, papriku, cibuli, sůl a led a nechte 4 hodiny stát. Sceďte a znovu zakryjte zeleninu čerstvou ledovou vodou na další hodinu. Znovu sceďte.

b) Kombinujte koření v sáčku s kořením nebo plátěným plátnem. Přidejte koření do cukru a octa. Zahřejte k varu a směs nalijte na zeleninu.

c) Přikryjte a chlaďte 24 hodin. Zahřejte směs k varu a špatně horkou do horkých sklenic, ponechte 1/2-palcový prostor nad hlavou.

d) Odstraňte vzduchové bubliny a v případě potřeby upravte prostor nad hlavou. Okraje sklenic otřete navlhčenou čistou papírovou utěrkou.

e) Upravte víčka a zpracujte.

91. Pochutina z nakládané kukuřice

Ingredience:

- 10 šálků čerstvé kukuřice s celými zrny
- 2-1/2 šálku nakrájené sladké červené papriky
- 2-1/2 šálku nakrájené sladké zelené papriky
- 2-1/2 šálky nakrájeného celeru
- 1-1/4 šálku nakrájené cibule
- 1-3/4 hrnku cukru
- 5 šálků octa (5%)
- 2-1/2 polévkové lžíce konzervační nebo nakládací soli
- 2-1/2 lžičky celerového semínka
- 2-1/2 polévkové lžíce suché hořčice
- 1-1/4 lžičky kurkumy

Pokyny:

a) Vařte kukuřičné klasy 5 minut. Ponořte do studené vody. Nakrájejte celá jádra z klasu nebo použijte šest 10-uncových zmrazených balíčků kukuřice.

b) V hrnci smíchejte papriku, celer, cibuli, cukr, ocet, sůl a celerová semínka.

c) Přiveďte k varu a za občasného míchání vařte 5 minut. V 1/2 šálku uvařené směsi rozmícháme hořčici a kurkumu. Do horké směsi přidejte tuto směs a kukuřici.

d) Vařte dalších 5 minut. Pokud chcete, zahustěte směs moukou (1/4 šálku mouky rozmíchané ve 1/4 šálku vody) a často míchejte. Naplňte horké sklenice horkou směsí a ponechte 1/2-palcový prostor nad hlavou.

e) Odstraňte vzduchové bubliny a v případě potřeby upravte prostor nad hlavou. Okraje sklenic otřete navlhčenou čistou papírovou utěrkou.

f) Upravte víčka a zpracujte.

92. Pochoutka z nakládaných zelených rajčat

Ingredience:

- 10 liber malá, tvrdá zelená rajčata
- 1-1/2 libry červené papriky
- 1-1/2 libry zelené papriky
- 2 libry cibule
- 1/2 šálku konzervační nebo nakládací soli
- 1 litr vody
- 4 šálky cukru
- 1 litr octa (5%)
- 1/3 šálku připravené žluté hořčice
- 2 polévkové lžíce kukuřičného škrobu

Pokyny:

a) Rajčata, papriky a cibuli omyjeme a nahrubo nastrouháme nebo nakrájíme. Sůl rozpusťte ve vodě a nalijte na zeleninu ve velké konvici. Zahřejte k varu a vařte 5 minut. Sceďte v cedníku. Zeleninu vraťte do konvice.

b) Přidejte cukr, ocet, hořčici a kukuřičný škrob. Promíchejte. Zahřejte k varu a vařte 5 minut.

c) Naplňte horké sterilní půllitrové sklenice horkým pochutím a ponechejte 1/2-palcový prostor nad hlavou.

d) Odstraňte vzduchové bubliny a v případě potřeby upravte prostor nad hlavou. Okraje sklenic otřete navlhčenou čistou papírovou utěrkou.

e) Upravte víčka a zpracujte.

93. Nakládaná křenová omáčka

Ingredience:

- 2 šálky (3/4 lb.) čerstvě nastrouhaného křenu
- 1 šálek bílého octa (5%)
- 1/2 lžičky konzervační nebo nakládací soli
- 1/4 čajové lžičky práškové kyseliny askorbové

Pokyny:

a) Pálivost čerstvého křenu vybledne během 1 až 2 měsíců, a to i v chladničce. Dělejte proto pouze malá množství najednou.

b) Kořeny křenu důkladně omyjte a oloupejte hnědou vnější slupku. Oloupané kořeny lze nastrouhat v kuchyňském robotu nebo nakrájet na malé kostičky a dát do mlýnku na potraviny.

c) Smíchejte ingredience a nemoc do sterilních sklenic, ponechte 1/4-palcový prostor.

d) Sklenice pevně uzavřete a uchovávejte v chladničce.

94. Nakládaná paprikovo-cibulová pochoutka

Ingredience:

- 6 šálků nakrájené cibule
- 3 šálky nakrájené sladké červené papriky
- 3 šálky nakrájené zelené papriky
- 1-1/2 hrnku cukru
- 6 šálků octa (5%), nejlépe bílého destilovaného
- 2 polévkové lžíce konzervační nebo nakládací soli

Pokyny:

a) Zeleninu omyjeme a nakrájíme. Smíchejte všechny ingredience a mírně vařte, dokud směs nezhoustne a objem se nezmenší na polovinu (asi 30 minut).

b) Naplňte horké sterilní sklenice horkým pochutím, ponechejte 1/2-palcový prostor nad hlavou a pevně uzavřete.

c) Uchovávejte v chladničce a spotřebujte do jednoho měsíce.

95. Pikantní jicama pochoutka

Ingredience:

- 9 šálků jicamy nakrájené na kostičky
- 1 polévková lžíce celého míchaného nakládacího koření
- 1 dvoupalcová tyčinka skořice
- 8 šálků bílého octa (5%)
- 4 šálky cukru
- 2 lžičky drcené červené papriky
- 4 šálky nakrájené žluté papriky
- 4-1/2 šálků nakrájené červené papriky
- 4 šálky nakrájené cibule
- 2 čerstvé finger - feferonky (asi 6 palců každá), nakrájené a částečně zbavené semínek

Pokyny:

a) Upozornění: Při manipulaci nebo krájení feferonek používejte plastové nebo gumové rukavice a nedotýkejte se obličeje. Umyjte, oloupejte a ořízněte jicama; kostky.

b) Nakládejte nakládací koření a skořici na čistý, dvouvrstvý, 6-palcový čtvercový kus 100% bavlněné tkaniny.

c) Rohy spojte a svažte čistým provázkem. (Nebo použijte zakoupený sáček s mušelínovým kořením.)

d) Ve 4litrové holandské troubě nebo hrnci smíchejte sáček s nakládacím kořením, ocet, cukr a drcenou červenou papriku. Přiveďte k varu, míchejte, aby se cukr rozpustil. Vmícháme na kostičky nakrájenou jicamu, sladkou papriku, cibuli a zázvor – pálivé . Vraťte směs k varu.

e) Snižte teplotu a přikryté vařte na středně mírném ohni asi 25 minut. Vyhoďte sáček s kořením. Naplňte ochucení do horkých půllitrových sklenic a ponechejte 1/2-palcový prostor. Zakryjte horkou mořicí kapalinou, ponechte 1/2-palcový prostor nad hlavou.

f) Odstraňte vzduchové bubliny a v případě potřeby upravte prostor nad hlavou. Okraje sklenic otřete navlhčenou čistou papírovou utěrkou.

g) Upravte víčka a zpracujte.

96. Chuť z pikantního tomatillo

Ingredience:

- 12 šálků nakrájených tomatillos
- 3 šálky nakrájené jicamy
- 3 šálky nakrájené cibule
- 6 šálků nakrájených rajčat švestkového typu
- 1-1/2 šálku nakrájené zelené papriky
- 1-1/2 šálku nakrájené červené papriky
- 1-1/2 šálku nasekané žluté papriky
- 1 hrnek konzervační soli
- 2 litry vody
- 6 lžic celého míchaného nakládacího koření
- 1 polévková lžíce drcených jezírek červené papriky (volitelně)
- 6 šálků cukru
- 6-1/2 šálků jablečného octa (5%)

Pokyny:

a) Odstraňte slupky z tomatillos a dobře omyjte. Oloupejte jicamu a cibuli. Před nakrájením a nakrájením všechnu zeleninu dobře omyjte.

b) Nakrájená tomatillos, jicama, cibuli, rajčata a všechny papriky vložte do 4litrové holandské trouby nebo hrnce. Konzervovací sůl rozpusťte ve vodě. Nalijte na připravenou zeleninu. Zahřejte k varu; vařte 5 minut.

c) Důkladně sceďte přes sítko vyložené tenkou tkaninou (dokud nepřestane kapat voda, asi 15 až 20 minut).

d) Umístěte mořící koření a volitelná jezírka červeného pepře na čistý, dvouvrstvý, 6 palců čtverečních

97. Bez přidaného cukru nakládaná řepa

Ingredience:

- 7 liber řepy o průměru 2 až 2-1/2 palce
- 4 až 6 cibulí (průměr 2 až 2-1/2 palce), je-li to žádoucí
- 6 šálků bílého octa (5 procent)
- 1-1/2 lžičky konzervační nebo nakládací soli
- 2 šálky Splenda
- 3 šálky vody
- 2 tyčinky skořice
- 12 celých hřebíčků

Pokyny:

a) Ořízněte vrcholy řepy, ponechte 1 palec stonku a kořenů, abyste zabránili vyblednutí barvy. Důkladně omyjte. Seřadit podle velikosti.

b) Podobné velikosti zalijte vroucí vodou a vařte do měkka (asi 25 až 30 minut). Upozornění: Vypusťte a zlikvidujte kapalinu. Chladná řepa.

c) Oříznutí kořenů a stonků a seříznutí slupek. Nakrájejte na 1/4-palcové plátky. Cibuli oloupeme, omyjeme a nakrájíme na tenké plátky.

d) Smíchejte ocet, sůl, Splenda® a 3 šálky čerstvé vody ve velké holandské troubě. Tyčinky skořice a hřebíček zavažte do plátěného sáčku a přidejte do octové směsi.

e) Přivést k varu. Přidejte řepu a cibuli. Vřít

f) 5 minut. Vyjměte sáček s kořením. Naplňte horkou řepu a plátky cibule do horkých půllitrových sklenic a ponechejte 1/2-palcový prostor. Zakryjte vroucím roztokem octa a ponechejte 1/2-palcový prostor nad hlavou.

g) Odstraňte vzduchové bubliny a v případě potřeby upravte prostor nad hlavou. Okraje sklenic otřete navlhčenou čistou papírovou utěrkou.

h) Upravte víčka a zpracujte.

98. S sladká kyselá okurka

Ingredience:

- 3-1/2 libry nakládání okurek
- vroucí vodou na zakrytí nakrájených okurek
- 4 šálky jablečného octa (5%)
- 1 šálek vody
- 3 šálky Splenda®
- 1 polévková lžíce konzervační soli
- 1 polévková lžíce hořčičného semínka
- 1 polévková lžíce celého nového koření
- 1 polévková lžíce celerového semínka
- 4 jednopalcové skořicové tyčinky

Pokyny:

a) Umyjte okurky. Odřízněte 1/16 palce z konců květů a vyhoďte. Nakrájejte okurky na 1/4 palce silné plátky. Plátky okurky zalijte vroucí vodou a nechte 5 až 10 minut odstát.

b) Slijeme horkou vodu a okurky zalijeme studenou vodou. Plátky okurky nechte nepřetržitě téct studenou vodou nebo vodu často vyměňujte, dokud okurky nevychladnou. Plátky dobře sceďte.

c) Smíchejte ocet, 1 šálek vody, Splenda® a veškeré koření v 10litrové holandské troubě nebo hrnci. Přivést k varu. Do vroucí tekutiny opatrně přidáme scezené plátky okurky a vrátíme k varu.

d) Pokud chcete, vložte do každé prázdné horké sklenice jednu tyčinku skořice. Plátky horkého nálevu naplňte do horkých půllitrových sklenic a ponechejte 1/2-palcový prostor. Zakryjte vroucím nakládacím solným roztokem, ponechte 1/2-palcový prostor nad hlavou.

e) Odstraňte vzduchové bubliny a v případě potřeby upravte prostor nad hlavou. Okraje sklenic otřete navlhčenou čistou papírovou utěrkou.

f) Upravte víčka a zpracujte.

99. S nakrájené koprové okurky

Ingredience:

- 4 libry (3 až 5 palců) nakládání okurek
- 6 šálků octa (5%)
- 6 šálků cukru
- 2 polévkové lžíce konzervační nebo nakládací soli
- 1-1/2 lžičky celerového semínka
- 1-1/2 lžičky hořčičného semínka
- 2 velké cibule, nakrájené na tenké plátky
- 8 hlav čerstvého kopru

Pokyny:

a) Umyjte okurky. Odřízněte 1/16palcový plátek konce květu a vyhoďte. Nakrájejte okurky na 1/4-palcové plátky. Smíchejte ocet, cukr, sůl, celer a hořčičná semínka ve velkém hrnci. Směs přiveďte k varu.

b) Na dno každé horké půllitrové sklenice položte 2 plátky cibule a 1/2 hlavy kopru. Naplňte horké sklenice plátky okurky, ponechte 1/2-palcový prostor.

c) Navrch přidejte 1 plátek cibule a 1/2 hlavičky kopru. Nalijte okurky horkým nakládacím roztokem, ponechte 1/4-palcový prostor.

d) Odstraňte vzduchové bubliny a v případě potřeby upravte prostor nad hlavou. Okraje sklenic otřete navlhčenou čistou papírovou utěrkou.

e) Upravte víčka a zpracujte.

100. S nakrájené sladké okurky

Ingredience:

- 4 libry (3 až 4 palce) nakládání okurek

Řešení nálevu:

- 1 litr destilovaného bílého octa (5%)
- 1 polévková lžíce konzervační nebo nakládací soli
- 1 polévková lžíce hořčičného semínka
- 1/2 šálku cukru

Konzervační sirup:

- 1-2/3 šálků destilovaného bílého octa (5%)
- 3 šálky cukru
- 1 polévková lžíce celého nového koření
- 2-1/4 lžičky celerového semínka

Pokyny:

a) Umyjte okurky a odřízněte 1/16 palce konce květu a vyhoďte. Nakrájejte okurky na 1/4-palcové plátky. Všechny ingredience na zavařování sirupu smícháme v hrnci a přivedeme k varu. Udržujte sirup horký až do použití.

b) Ve velké konvici smíchejte ingredience na slaný roztok. Přidejte nakrájené okurky, přiklopte a vařte, dokud okurky nezmění barvu z jasně na matně zelenou (asi 5 až 7 minut). Plátky okurky sceďte.

c) Naplňte horké sklenice a zakryjte horkým konzervačním sirupem a ponechejte 1/2-palcový prostor.

d) Odstraňte vzduchové bubliny a v případě potřeby upravte prostor nad hlavou. Okraje sklenic otřete navlhčenou čistou papírovou utěrkou.

e) Upravte víčka a zpracujte.

ZÁVĚR

Tato kuchařka obsahuje mnoho nových doporučení založených na výzkumu, jak doma zavařovat bezpečnější a kvalitnější potraviny. Je to neocenitelný zdroj informací pro osoby, které konzervují potraviny poprvé. Zkušení výrobci konzerv najdou aktualizované informace , které jim pomohou zlepšit jejich konzervárenské postupy.

www.ingramcontent.com/pod-product-compliance
Lightning Source LLC
Chambersburg PA
CBHW070643120526
44590CB00013BA/835